El Greco Der Großinquisitor

Neues Licht auf die Schwarze Legende

Von Michael Scholz-Hänsel

Fischer Taschenbuch Verlag

W0398962

Kunststück
Herausgegeben von Klaus Herding

Frontispiz: El Greco, Selbstporträt (?), 1595-1600

Graphische Konzeption: Max Bartholl und
Christoph Krämer
Lektorat: Wolfgang Balk
Bildredaktion: Catharina Berents
Originalausgabe
Veröffentlicht im Fischer Taschenbuch Verlag GmbH,
Frankfurt am Main, Oktober 1991
© 1991 Fischer Taschenbuch Verlag, GmbH,
Frankfurt am Main
Satz und Druck: Wagner GmbH, Nördlingen
Bindung: G. Lachenmaier, Reutlingen
Printed in Germany
ISBN 3-596-10128-X

Widersprüchliche Deutungen

1 **El Greco, Ein Kardinal (Fernando Niño de Guevara), um 1600, 194 x 130 cm, Öl auf Leinwand, New York, Metropolitan Museum of Art**

El Grecos Kardinalsporträt, entstanden um 1600, gehört sicherlich zu den Bildern, die unsere Vorstellung von einer unerbittlich glaubensstrengen und weltfeindlichen spanischen Geistlichkeit am nachhaltigsten geprägt haben. Seitdem Manuel Bartolomé Cossío es 1908 als Titelblatt für sein bis heute grundlegendes Werkverzeichnis ausgewählt, den Dargestellten als Kardinal Fernando Niño de Guevara identifiziert und die Frage aufgeworfen hatte, ob es anläßlich seiner Ernennung zum Großinquisitor (Amtszeit: 1599-1601) entstanden sein könnte, hat es die Kunstgeschichte immer wieder zu neuen Interpretationen herausgefordert *(Falttafel und Abb. 1)*.[1]

Max Dvorák schrieb 1920 über dieses Porträt: »Wer dächte angesichts dieses Bildes nicht an den Großinquisitor, die Traumgestalt in den Brüdern Karamasoff. Diese zusammengekauerte Gestalt mit dem kalten, durchdringenden Blick, das ist nicht dieser oder jener Mensch, sondern das Fatum selbst.«[2]

Ganz anders sah ihn hingegen der große Spanienkenner August L. Mayer, der 1931 in seiner El Greco-Monographie formulierte: »Der Kardinal war allem Anschein nach ein Mann von mittlerer, ja untersetzter Gestalt, vielleicht ein Hauptgrund, weshalb er sitzend dargestellt wurde, aber er wirkt als eine mächtige, Ehrfurcht gebietende Erscheinung. Die Hornbrille trägt viel dazu bei, daß der Kopf ernster, der Blick finsterer wirkt als er vielleicht wirklich war (. . .) man spürt aus dem überaus repräsentativen Porträt El Grecos, daß der fast sechzigjährige Kardinal ein ebenso energischer wie kluger Mann gewesen sein muß.«[3]

Man geht sicher nicht zu weit, wenn man in diesen zwei gegensätzlichen Deutungen von Dvorák und Mayer auch grundverschiedene Einschätzungen Spaniens und der spanischen Inquisition erkennt. Doch bevor wir allzuschnell die eine oder andere Partei ergreifen, sollten wir einen Blick auf das Bild selbst werfen.

Der Geistliche sitzt in einem hölzernen Lehnstuhl, dreiviertel dem Betrachter zugewendet. Er trägt das rote Kardinalsgewand, dessen vorn geknöpfter Schulterkragen (Mozetta) wie bei einer Büste das mit dem Birett bedeckte Haupt zugleich isoliert und erhöht. Über den Knien öffnet sich der Mantel und gibt den Blick auf das kostbare, spitzenbesetzte Chorhemd frei, dessen filigranes Weiß auch am Kragen und den Ärmeln Akzente setzt. Von den Füßen erkennt man nur die Spitzen zweier brauner Schuhe.

Die bewegten Lichtreflexe, die auf dem kostbaren Stoff leuchten, bilden einen auffälligen Kontrast zu der kantigen Starre des hölzernen Lehnstuhles, dessen Strenge sich auf den Kardinal zu übertragen scheint. Auch die Gestik der Hände, von denen die eine geöffnet herabhängt und die andere sich um die Armlehne schließt, verweist auf zwei gegensätzliche Pole in der inneren Haltung des Dargestellten. Im Hintergrund trennt in Verlängerung der Körperachse ein schwarzer Streifen das hölzerne Kassettenmuster links von der goldschimmernden Ledertapete rechts. Das Fußbodenmuster verdeutlicht wie ein Koordinatensystem die räumliche Disposition und gibt der Inszenierung Halt: Ein querrechteckiger Streifen markiert die Sitzposition des Kardinals, ein dunkler Kreis rahmt den Zettel mit der Signatur des Künstlers.

Lehrjahre

Als El Greco dieses Bild malte, hatte er bereits eine erstaunliche künstlerische Entwicklung durchlaufen. Domenikos Theotokopoulos, so sein Geburtsname, war 1541 in Kandia (Chania) auf Kreta geboren worden.[4] Seine Familie gehörte der Mittel- oder Oberklasse an und ermöglichte ihm eine gründliche Ausbildung. Eines der frühesten Dokumente vom Dezember 1556, in dem er die Erlaubnis erhält, ein Bild zu verkaufen, hat durch die Beschreibung des Werkes und den Namen des zur Schätzung herangezogenen Malers schon früh vermuten lassen, daß der Künstler zu diesem Zeitpunkt in spätmittelalterlichem Stil Ikonen fertigte. Diese Hypothese konnte dann 1983 durch den Fund einer entsprechenden Arbeit in Ermoupolis auf Syros (Griechenland) bestätigt werden.[5]

Der um 1567 datierte »Marientod« ist nicht nur von El Greco signiert, er zeigt auch schon

Anfänge seines spezifischen Malstils, bei dem Elemente der westlichen und östlichen Mittelmeertradition zu einer überraschenden Synthese geführt werden *(Abb. 2)*. Die Gesamtkonzeption verrät noch deutlich das Modell der kretischen Ikonenmalerei, bei der man sich an typisierten Vorbildern und nicht an Naturstudien orientierte. Insbesondere bilden die vom Heiligen Geist ausstrahlende Lichtaureole, die die entschlafene Maria mit der thronenden verbindet, und der sich in zärtlicher Geste neigende Christus einen eigenwilligen Beitrag des Künstlers. Bei der Suche nach ikonographischen Neuheiten fallen ferner die drei Kandelaber des Vordergrundes ins Auge, von denen der mittlere mit den Karyatiden an seiner Basis die Signatur in griechischen Lettern aufweist.

Da Kreta seit 1204 in venezianischem Besitz war, kann es kaum überraschen, daß wir El Greco 1568 in der Lagunenstadt wiedertreffen. Hier schulte er sich an der Kunst von Tintoretto und Tizian. In diese Periode gehört das Bild »Die Austreibung der Wechsler« *(Abb. 3)*, das El Greco nach einer Komposition Michelangelos und im Stil Tizians, aber in Technik und Größe als Ikone gestaltete: Es ist in Öl auf Holz gemalt und mißt lediglich 65,4 x 83,2 cm.

Im November 1570 reiste El Greco über Parma nach Rom, wo ihm die Freundschaft mit dem kroatischen Miniaturmaler Giulio Clovio Zugang zu dem Kreis um den bedeutenden Antikenkenner und Bibliothekar Alessandro Farneses, Fulvio Orsini, verschaffte.

2 **El Greco, Marientod, um 1567, 61 x 45 cm, Eitempera auf Leinwand mit Gesso auf Holz, Ermoupolis (Syros), Kirche des Marientodes**

Aus dieser Zeit berichtet etwa vierzig Jahre später der Römer Giulio Mancini die vielzitierte Anekdote, nach der El Greco Papst Pius V. angeboten habe, das berühmte »Jüngste Gericht« Michelangelos in der Sixtinischen Kapelle in gleicher Meisterschaft, aber ganz im Sinne der neuen gegenreformatorischen Vorstellungen zu übermalen.[6]

3 **El Greco, Die Austreibung der Wechsler, vor 1570, 65,4 x 83,2 cm, Öl auf Holz, Washington, National Gallery of Art**

Michelangelo, der damals gerade sechs Jahre tot war, galt allgemein als die höchste Kunstinstanz, und es gehörte einiger Mut dazu, ihn zu kritisieren. El Greco mißbilligte vor allem die Farbwahl des Hochrenaissance-Meisters, die Behandlung der menschlichen Figur dagegen hat ihn begeistert und auch später zu Übernahmen angeregt.

Eine weitere, in Rom entstandene Fassung der »Austreibung der Wechsler« von 1570/75 zeigt nicht nur El Grecos Gewohnheit, einmal gefundene Bildkompositionen über große Zeiträume wiederzuverwenden, sondern enthält auch ein Bekenntnis zu den italienischen Vorbildern *(Abb. 4)*. In das Gemälde (jetzt in Ölfarbe auf Leinwand gearbeitet), das gegenüber seinem venezianischen Vorläufer in den Einzelformen beruhigt und stärker vereinheitlicht wirkt, sind rechts im Vordergrund vier Porträts integriert, die Tizian, Michelangelo, Giulio Clovio und wahrscheinlich noch Raffael repräsentieren.

4 El Greco, Die Austreibung der Wechsler, 1570-75, 118,4 x 150,8 cm, Öl auf Leinwand, The Minneapolis Institute of Arts

Was immer Wahres an der Geschichte Mancinis ist, auf jeden Fall wird El Greco nicht aus Furcht vor den durch diesen Vorschlag erzürnten römischen Malern nach Spanien gegangen sein, wie der Autor behauptete. Warum also hat er noch einmal sein Domizil gewechselt, und weshalb suchte er sich gerade

Spanien aus? Der Hauptgrund war ohne Zweifel die in Rom erfolglose Suche nach einem bedeutenden Mäzen und die Hoffnung, diesen in Spanien, der damals vorherrschenden Weltmacht, zu finden. Insbesondere rechnete er auf Philipp II., den er als großen Förderer der italienischen Malerei kannte. Zudem hatte der König mit dem Escorial ein Projekt in Angriff genommen, für dessen Ausstattung noch Künstler gesucht wurden.

Schon 1567 hatte El Grecos Freund Clovio aus dem gleichen Grunde Kontakt zu dem Sekretär des spanischen Botschafters am Vatikan gesucht. El Greco nahm nun den Weg über den bereits genannten Fulvio Orsini und schloß so Bekanntschaft mit den Spaniern Pedro Chacón und Luis de Castilla, dessen Vater Diego Dekan des Kathedralkapitels von Toledo war. Im Auftrage des letzteren finden wir ihn am 2. Juli 1577 in diesem religiösen und geistigen Zentrum Spaniens des 16. Jahrhunderts.

El Grecos Wanderschaft durch drei verschiedene Kulturkreise des Mittelmeerraumes (Kreta, Italien und Spanien) hat die Forschung immer wieder zu neuen Einflußtheorien herausgefordert, bei denen stets auch nationale Gesichtspunkte eine Rolle spielten. Mit verbessertem Wissensstand, so zeigte es das letzte El Greco-Symposium auf Kreta (1990),[7] scheint sich diese Tendenz eher noch zu verstärken: Die griechische Kunstgeschichte nimmt den Fund der Ikone von Syros zum Anlaß, eine größere Berücksichtigung des Frühwerkes zu fordern; die Italiener vermuten, El Greco habe sich länger als bisher angenommen in ihrem Lande aufgehalten (von Rom soll er noch einmal nach Venedig zurückgekehrt sein) und bereits hier seinen eigenständigen Stil begründet, und die Spanier verteidigen vehement ihre eigene Kultur als die entscheidende Inspirationsquelle.

Tradition und Innovation

Gibt es nun Elemente in unserem Kardinalsporträt, die sich mit El Grecos griechischem Frühwerk in Verbindung bringen lassen? Ich denke hier vor allem an die merkwürdige Schwebehaltung des Dargestellten sowie den Einsatz des Lichtes und die Farbwahl. Die ungewöhnliche Verwendung von dominanten Rot- und Grüntönen finden wir auch schon in dem »Marientod«, hier wie dort verstärken Lichtreflexe den expressiven Gehalt des Bildes. Die psychologische Wirkung des »Großinquisitors« aber hat ganz wesentlich auch damit zu tun, daß er ähnlich den Figuren auf Ikonen nicht richtig greifbar wird. In ihm steckt gleichermaßen der hieratisch auftretende Weltenrichter wie das unsichere Opfer. Unter seinen Gewändern körperlich nicht präsent, ist er mehr Erscheinung als reale Person.
Bei seinen italienischen Vorbildern schließlich konnte El Greco wichtige Beispiele für den Bildtypus des sitzenden Herrschers kennenlernen.[8] Mit der 1548 entstandenen Darstellung Kaiser Karls V. von Tizian steht das Kardinals-

porträt durch die Dreiviertelansicht und den Verzicht auf plakative Präsentation der Machtinsignien in Verbindung *(Abb. 5)*. Bei Raffaels Porträt von Julius II. von 1511-12 liegen die Ähnlichkeiten in der räumlichen Strukturierung des Hintergrundes und der kostbaren Tapete – dort mit dem Papstwappen *(Abb. 6)*. Auch das Motiv der entspannten und angespannten Hand finden wir auf den beiden Bil-

5 **Tizian, Kaiser Karl V., 1548, 205 x 122 cm, Öl auf Leinwand, München, Alte Pinakothek**

6 **Raffael, Julius II., 1511-12, 108 x 80 cm, Öl auf Holz, London, National Gallery**

dern wieder, offenbar ein Topos, der zu dem Porträt des sitzenden Herrschers gehört.
Ein besonderes Anspruchsniveau markiert die Verwendung des Ganzfigurenporträts, das auch bei den Päpsten erst Paul II. aus der Ikonographie des weltlichen Herrschers zu übernehmen wagte.[9] Bis ins 17. Jahrhundert hinein haben nur wenige Potentaten ein vergleichbares Selbstbewußtsein gezeigt.
1561 entstanden ist das zunächst Jacopo Tintoretto zugeschriebene und in einem Katalog von 1982 sogar für El Greco reklamierte Bildnis des Kardinals Charles Guise von Lothringen *(Abb. 7)*.[10] Es muß als ein wichtiges Vergleichsstück für unser Kardinalsporträt angesprochen werden. Abgesehen davon, daß der Dargestellte dreiviertel zum Betrachter gewendet in einem Lehnstuhl sitzt, gleichen sich die Hintergründe: Auch das Profil dieses Kardinals wird durch eine dunkle Fläche hervorgehoben, während zu den Seiten der drapierte Vorhang die Ledertapete und das regelmäßige Gitter die hölzerne Kassettenwand vorwegnehmen.
Ähnliche Elemente finden wir in einem weiteren um 1600 entstandenen Bild *(Abb. 8)*.[11] Überraschend bleibt jedoch, daß es sich nicht um ein Bildnis, sondern um die Darstellung des für Spanien so wichtigen Heiligen Ildefons handelt, der normalerweise gezeigt wird, wie er von der Jungfrau Maria das Meßgewand empfängt. Damit gebraucht El Greco das gleiche Kompositionsmodell für ein profanes und ein religiöses Bild, setzt den Heiligen nicht nur in ein Ambiente des 16. Jahrhunderts, son-

7 **Jacopo Tintoretto (?), Kardinal Charles Guise von Lothringen, 1561, 201 x 117 cm, Öl auf Leinwand, Genf, Privatsammlung**

8 **El Greco, Der Hl. Ildefons, 1600-1603, 112,4 x 65,4 cm, Öl auf Leinwand, Illescas, Hospital de la Caridad**

dern gibt ihm auch porträthafte Züge. Dies belegt ohne Zweifel eine gewisse Offenheit der spanischen Geistlichkeit seiner Zeit für neue Formideen. Doch worin besteht vor dem Hintergrund der angesprochenen Vergleichsbeispiele das Neue, was El Greco in den Typus des Kardinalsbildnisses einbringt, und womit läßt sich das Spezifische der Darstellung bezeichnen?

Wir sahen die großen Formen bereits bei Lehrern El Grecos und anderen Meistern des 16. Jahrhunderts vorgeprägt. Wenn aber das Bild einer ganzen, sitzenden Figur in Dreiviertelansicht bereits in einer langen Tradition steht, so doch nicht die innere Spannung. Hier kommt zum Tragen, was auch andere Werke El Grecos auszeichnet: die Fähigkeit, ein reiches Spektrum künstlerischer Erfahrungen im Sinne einer pointierten Bildaussage fruchtbar zu machen. Sowohl der expressive Farbauftrag wie auch die beständige Wiederholung des Gegensatzes von dynamisch belebten, runden Formen einerseits und starren, kantigen andererseits unterstreichen den in der Haltung des Kardinals angelegten psychologischen Konflikt.

Bei den zusätzlichen Bildattributen hat sich El Greco auf einige wenige Ausstattungsstücke wie die kassettierten Holztüren, die goldschimmernde Ledertapete sowie den beschlagenen und mit Leder bezogenen Holzstuhl, einen sogenannten »frailero«, beschränkt, die gleichwohl dem Raum einen sehr spanischen Charakter geben.[12] Spanisch ist auch, wie im folgenden gezeigt werden soll, die mit Fäden an den Ohren gehaltene runde Bügelbrille, von der bis heute die eigentliche Irritation des Werkes ausgeht *(Abb. 9)*.

So hat Stefan Andres in seiner 1936 geschriebenen Erzählung »Der Großinquisitor« die runde Brille des Kardinals als Schlüssel für die Deutung des Bildes gebraucht.[13] Pointiert gesagt: El Greco selbst arbeitet kompositionell auf dieses Ziel hin. Die Acht der Brillengläser liegt nicht nur im Gewand, sie ist auch der Tapetenranke zugrunde gelegt. Die Kreise der Sehhilfe überziehen den Fußboden, und selbst die beiden goldenen Beschläge des Stuhls korrespondieren mit ihr.

Doch hat der Kardinal und haben die zeitgenössischen Betrachter seines Bildnisses die Brille so verstanden, wie es uns Andres suggerieren möchte: »Ein abscheuliches Gerät im Gesicht, diese Brille! Ob der Kardinal damit einverstanden ist, daß die Brille ihn so verunstaltet?«[14] Spricht aus Andres nicht vielmehr ein antispanisches Ressentiment, das unser Spanienbild nicht erst seit Schillers »Don Carlos« charakterisiert?

9 **El Greco, Ein Kardinal (Fernando Niño de Guevara), Detail, um 1600, 194 x 130 cm, Öl auf Leinwand, New York, Metropolitan Museum of Art**

Die »Schwarze Legende«

Mehr als drei Jahrhunderte gehörten die spanischen Nationen zu den führenden Weltmächten. Rechtzeitige kirchliche Reformen, politische Flexibilität und ein reiches intellek-

tuelles Leben ermöglichten in bildender Kunst und Literatur das »Siglo de oro« (Goldenes Zeitalter), bedeuteten aber für die okkupierten Länder eine Zeit drückender Abhängigkeit. Aus der militärischen Defensive entwickelten jene eine Polemik, die, seit 1913 als »leyenda negra« (schwarze Legende) bezeichnet, noch unsere heutigen Spanienvorstellungen prägt.[15] Spanien, das liegt in europäischen Augen noch immer jenseits der Pyrenäen im Norden Afrikas. Sein Beitrag zur Geschichte, so meint man, erschöpft sich in der erstmaligen systematischen Verfolgung Andersgläubiger, der niederländischen Schreckensherrschaft des Herzogs von Alba und der Ausrottung der lateinamerikanischen Indianer. Kulturell konnte im Reich der Habsburger und der allgegenwärtigen Inquisition historisch Bedeutsames nur leisten, so dachte man, wer seine Anregungen im Ausland erhielt und in Opposition zur eigenen Gesellschaft arbeitete.

Vergessen wird bei dieser Perspektive, daß der im allgemeinen als Kronzeuge der »leyenda negra« vereinnahmte Missionar und Bischof Bartolomé de las Casas (1470?-1566?) im Einvernehmen mit Karl V. handelte. Seine Kritik der spanischen Überseepolitik hatte längst Niederschlag in der Gesetzgebung gefunden, als sein »Kurzer Bericht über die Zerstörung Westindiens« (das Buch enthält eine Schilderung der an den Indios verübten Grausamkeiten der Spanier bei der Eroberung Amerikas) Ende des 16. Jahrhunderts im Kontext des niederländischen Unabhängigkeitskrieges zum europäischen Bestseller avancierte.

10 **Francisco Pacheco, Francisco Gómez de Quevedo y Villegas, 1624-25, 19,3 x 15 cm, Zeichnung, Madrid, Museo Lázaro Galdiano**

Vergessen wird auch, daß Spanien erst 1478 die Inquisition einführte, als vergleichbare Institutionen in Frankreich, Deutschland und Italien bereits auf eine lange Wirkungsgeschichte zurückblicken konnten.[16] Nationen, die später die Spanier wegen ihrer strengen Religionspolitik an den Pranger stellten, hatten im 16. Jahrhundert dieselben wegen ihrer angeblichen Abstammung von Mauren und Juden diskriminiert.

Die langfristigen Folgen eines negativen Spanienbildes erkannte als einer der ersten der weitsichtige Dichter Francisco de Quevedo (1580-1645) *(Abb. 10)*. In seinem 1609 verfaßten Traktat »Das verteidigte Spanien und die heutigen Zeiten. Von den Verleumdungen der Phantasten und Aufrührer« kritisierte er die spanischen Gelehrten wegen ihrer mangelnden Anstrengungen, den Ruf des Landes zu verbessern, und zeigte selbst Verdienste Spaniens auf.[17] Doch blieb es dem 20. Jahrhundert vorbehalten, den geschärften Blick Quevedos zu erneuern.

El Greco und die Kunstgeschichte

In der Kunstgeschichte spiegelt vor allem die Rezeptionsgeschichte El Grecos den Paradigmenwechsel in der neueren Spanienforschung.[18] Als der erwähnte Cossío 1908 El Grecos Kunst mit der spanischen Mystik einer Santa Teresa de Jesús (1515-1582) und eines San Juan de la Cruz (1542-1591) in Verbindung brachte, begründete er eine in der breiten Öffentlichkeit noch heute vorherrschende Sicht des Künstlers als eines meditativen, allein religiös inspirierten Malers. Julius Meier-Graefe, der 1910 mit seiner »Spanischen Reise« wesentlich zu El Grecos internationaler Wiederentdeckung beitrug, teilte diese Vorstellung, sah ihn aber dennoch als »Heimatlosen der Kunst«, beurteilte ihn als fremdsprachigen Maler auf spanischem Boden.[19] Entsprechend feierte die deutsche Avantgarde El Greco zusammen mit Vincent van Gogh und Pablo Picasso als großes übernationales Vorbild. 1912 schrieb Franz Marc im »Blauen Reiter«: »Wir weisen gern und mit Betonung auf den Fall Greco, weil die Glorifikation dieses großen Meisters im engsten Zusammenhang mit dem Aufblühen unserer neuen Kunstideen steht. Cézanne und Greco sind Geistesverwandte über die trennenden Jahrhunderte hinweg. Zu dem ›Vater Cézanne‹ holten Meier-Graefe und Tschudi im Triumphe den alten Mystiker Greco; beider Werke stehen heute am Eingange einer neuen Epoche der Malerei. Beide fühlten im Weltbilde die *mystisch-innerliche Konstruktion*, die das große Problem der heutigen Generation ist.«[20]

Ein neuer Ansatz wurde 1920 in einem Vortrag über El Greco und den Manierismus vertreten.[21] Unabdingbar für ein Verständnis der neuen Formensprache schien nun der geistige Nährboden, den der Künstler in seiner Wahlheimat Spanien vorfand. In den folgenden Jahren begann man, die innerspanischen Künstlerkontakte zu betonen und die asketischen Heiligen El Grecos als typologische Modelle für andalusische Meister des 17. Jahrhunderts wie Francisco de Zurbarán (1598-1664) und Juan Martínez Montañés (1568-1649) zu erkennen.[22]

Aber erst einer vereinten Anstrengung der amerikanischen und spanischen Forschung ist es schließlich gelungen, das falsche Bild El Grecos als Mystiker, zumindest in der wissenschaftlichen Diskussion, zu revidieren.[23] Indem El Greco nun die Gestalt eines gelehrten Künstlers gewonnen hat, eines »pictor doctus«, der gleichermaßen im Austausch mit bedeutenden Künstlern und Intellektuellen stand, der eine umfangreiche Bibliothek besaß und selbst ein Kunsttraktat plante, hat sich auch das Interesse von einer Stilanalyse seiner religiösen Emanationen auf seine ikonographischen Innovationen und das kulturelle Umfeld verlagert, in dem sie möglich wurden.

Ausdruck dieser neuen Sichtweise El Grecos ist nicht nur ein Buch über die Auftraggeber des Künstlers,[24] sondern auch ein verstärktes Interesse an seinen Bildnissen, in denen sich ganz konkret seine gesellschaftlichen Kontakte spiegeln. Hinzu kommt, daß dieser Teil seines Werkes eine außerordentliche Qualität zeigt und er in gewisser Weise die Blüte dieser Gattung im Spanien des »Siglo de oro« vorwegnahm. Schon 1898 schrieb Carl Justi in seiner Einführung in die spanische Kunstgeschichte für den Baedeker, El Greco habe »in seinen Bildnissen die eigentümliche Art kastilischer Hidalgos und toledanischer Schöner zu treffen gewußt wie wenige«.[25] Von seinen Porträts aber nannte Cossío das des Fernando Niño de Guevara ein erstaunliches Beispiel seiner Art und das bedeutendste und großartigste.

Die religiöse Malerei: Der Heilige Franziskus

Ungeteilte Aufmerksamkeit genießt gleichwohl weiterhin das zwischen 1600 und 1605 entstandene Gemälde »Der Hl. Franziskus und Bruder Leo meditieren über den Tod«, von dem etwa vierzig weitere Fassungen überliefert sind und das schon deshalb als die erfolgreichste Bilderfindung El Grecos gelten kann *(Abb. 11)*.[26] Wir wollen es im folgenden zum Ausgangspunkt nehmen für einige Beobachtungen zur kulturellen Vielfalt im Spanien des 16. Jahrhunderts, da erst deren Kenntnis uns die Schlüsselrolle des »Großinquisitors« enthüllen kann.

Auf einem Felssockel kniet der Heilige und blickt gesenkten Hauptes auf einen Totenschädel. Die gesamte Bildkomposition arbeitet dieser zentralen Darstellung zu. Eine dunkle Grotte dient dem lichtüberfluteten Heiligen als weihevolle Nische. Scheint er durch Körperhaltung, Mimik und Gestik der Hände allen irdischen Gedanken entrückt, so verkörpert der ihm von unten flehentlich entgegenstrebende Bruder Leo den noch uneingeweihten Gläubigen.

Die innovative Kraft des Bildes und damit die Vorreiterrolle El Grecos zeigt sich deutlich im Vergleich mit einem Kupferstich von Antonius Wierix *(Abb. 12)*, der auf zwei Arbeiten Federico Baroccis (1526-1612), dem Gemälde »Fürsprache des Hl. Franziskus« (1574-76) und einer Radierung von 1581, basiert.[27] Nach der Legende hatte ein Zeuge beobachtet, wie dem Franziskus ein gekreuzigter Seraph erschien, dessen Wundmale an den Händen, Füßen und der Seite sich auf den Heiligen übertrugen. Gibt Wierix im Sinne der älteren Bildtradition eine deskriptive Umsetzung des Textes, so verzichtet El Greco auf erzählerische Details und setzt zudem an die Stelle der

himmelwärts gewandten Pathosgeste die innere Versenkung des Heiligen.
Die ikonographische Tradition erscheint nur noch in reduzierter Form: Das Kreuz Christi ersetzt ein visionäres Lichtzeichen, das auf den braunen Kutten der Mönche unruhige Reflexe hervorruft, und statt demonstrativ zur Schau gestellter Stigmata weist nur eine kleine Wunde an der rechten Hand des Heiligen auf das Wunder hin. Schließlich wird die Aussagekraft der verwendeten Symbole durch kompositionelle Bezüge intensiviert. Die Verbindung von Franziskanerkordel und Totenschädel markiert den inhaltlichen Mittelpunkt des Bildes und deutet die Schnur zum durchschnittenen Lebensfaden um.
Mit einer veränderten Ikonographie des Hl. Franziskus reagierte El Greco auf dessen neue Aufgaben im Rahmen einer nachtridentinischen Kunst. Kurz zuvor hatte Kardinal Cesare Baronius im Einverständnis mit Sixtus V. die Anerkennung der Stigmatisation für die offizielle Vita erreicht[28] und Ignatius von Loyola in seinen »Geistlichen Exerzitien« empfohlen, für Meditationsübungen einen Totenschädel zu verwenden.[29]
Doch wenn uns diese Angaben helfen, die Wahl des Themas und die zentrale Position des Totenkopfes zu verstehen, so erklären sie noch nicht die besondere Darstellungsweise. Folglich hat denn auch der »Hl. Franziskus«, ebenso wie unser Kardinal, die El Greco-Forschung immer wieder zu neuen Theorien animiert. Sehen die einen in der introvertierten Haltung des Heiligen den Beweis, daß El

11 **El Greco, Der Hl. Franziskus und Bruder Leo meditieren über den Tod, 1600-1605, 168,5 x 102,9 cm, Öl auf Leinwand, Ottawa, National Gallery of Canada**

12 **Antonius Wierix, Der Hl. Franziskus (nach Federico Barocci), 24,6 x 16,9 cm, Kupferstich**

Greco aktiv mit den spanischen Mystikern sympathisierte, so meinen die anderen, hier den Beleg für El Grecos lebenslange Verbundenheit mit einer östlichen Spiritualität gefunden zu haben.[30] Letztere können keinen Zufall darin erkennen, daß dem Hl. Franziskus als einzigem von den westlichen Heiligen die Aufnahme in die byzantinisch geprägte Ikonographie Kretas gelang. Sie heben hervor, daß der Mönch, so wie ihn El Greco malte, viel gemeinsam hat mit den asketischen Einsiedlern, wie sie charakteristisch für die östliche Religiosität waren, und sie fühlen sich durch die abstrakte Höhlendarstellung an die zweidimensionale Symbolsprache der Ikonenkunst erinnert.
Tatsache ist, daß die auf Kreta erhaltenen Darstellungen des Hl. Franziskus nach westlichen Modellen entstanden und daß es bis auf einige Werke in El Grecos Bibliothek keinen Hinweis auf besondere spirituelle Interessen des Künstlers gibt. War der Maler wirklich an einer neuen künstlerischen Form für ein im Sinne der spanischen Mystik reformiertes Glaubensbekenntnis interessiert, wie erklären wir uns dann die vielen Parallelen zum »Hl. Franziskus« in dem weltlichen Thema des Kardinalsporträts: die Tendenz zu einem dominierenden Farbton, den expressiven Einsatz des Lichtes, die freie Pinselarbeit bei der Gewanddarstellung und vor allem den Gegensatz zwischen äußerer Unbeweglichkeit und innerer Anspannung?

El Grecos eigener Beitrag bestand darin, daß er in seinem Hl. Franziskus den gewöhnlichen, ungebildeten, aber von tiefer Frömmigkeit erfüllten spanischen Mönch porträtierte und damit einen Prototyp schuf, dessen sich dann die Künstler des »Siglo de oro« bedienen sollten. Wenn Francisco de Zurbarán für seine zahlreichen Darstellungen des Heiligen auf den Meister aus Toledo rekurrierte *(Abb. 13)*, so wird an diesem Beispiel deutlich, daß innerhalb Spaniens ein Ideenaustausch bestand, der es uns erlaubt, innovative Schübe auch aus innerspanischen Entwicklungen zu erklären, ohne immer äußere Einflüsse oder Italienreisen bemühen zu müssen. Dieser neue Ansatz der Spanienforschung hat in den letzten Jahren vor allem durch eine Neubewertung der Kulturpolitik Philipps II. Auftrieb erfahren.[31] So zeigte sich, daß die von ihm zusammengetragene Kunstsammlung und die durch das Großprojekt des Escorial angezogenen Künstler (darunter auch El Greco) wichtige Grundlagen für die künstlerische Blüte des »Siglo de oro« lieferten.

Wichtige Voraussetzungen für die Entfaltung von spanischer Gelehrsamkeit und Kunst im 16. und 17. Jahrhundert hatte die von den katholischen Königen schon vor dem Auftreten Luthers betriebene Kirchenreform unter Kardinal Francisco Jiménez Cisneros (1436-1517) geschaffen.[32] Auf seine Initiative wurde 1508 die Universität von Alcalá de Henares gegrün-

det, ein Mittelpunkt des spanischen Geisteslebens *(Abb. 14)*, und 1514-17 veröffentlichte er die »Biblia Políglota de Complutense«, die mit ihrer Synopse der chaldäischen, hebräischen, griechischen und lateinischen Fassung die damals wichtigste Grundlage für textkritische Bibelarbeit lieferte. 1507 von Julius II.

13 **Francisco de Zurbarán, Der Hl. Franziskus in Meditation, 1635-40, 152 x 99 cm, Öl auf Leinwand, London, Trustees of the National Gallery**

zum Generalinquisitor von Kastilien und León ernannt, lud er zweimal Erasmus von Rotterdam nach Spanien ein und wurde von diesem 1517 in einem Brief neben Leo X. als wichtiger Schirmherr des Humanismus genannt.[33] Den Einfluß des Erasmus auf die spanische Kultur, am Hofe Karls V. verankert durch die Sekretäre Alfonso und Juan de Valdés, hat Marcel Bataillon nachgezeichnet und noch für den »Don Quijote« (1605-15) als Inspirationsquelle nachgewiesen.

Auch unter Philipp II., der noch vielen als Inbegriff des doktrinären Führers der Gegenreformation gilt, behaupteten die Humanisten ihren kulturellen und politischen Einfluß. Die Lebensgeschichte des Benito Arias Montano (1527-1598) liest sich mit den Augen der »leyenda negra« wie die eines unbeugsamen Inqui-

14 **Rodrigo Gil de Hontañon, Die Fassade der Universität von Alcalá de Henares, 1537-53**

15 **Philipp Galle, Benito Arias Montano, 1572, Kupferstich, Wolfenbüttel Herzog August Bibliothek**

sitors *(Abb. 15)*:[34] 1562-63 Mitglied der spanischen Delegation beim Tridentinum, 1570-71 Mitverfasser des Antwerpener »Index der verbotenen Bücher« (Index librorum prohibitorum ...), seit 1572 Berater des Herzogs von Alba in den Niederlanden, 1579 Hauptbibliothekar des Escorial und mehrfach Gutachter für die Inquisition.

Dennoch hat Arias Montano mit der »polyglotten« Bibel von Antwerpen (Bíblia Políglota de Amberes, 1569-72), die er gegen erhebliche Kritik der römischen Amtskirche verteidigen mußte, das Werk des Cisneros fortgeführt und sich anders als jener sogar für größere Toleranz in Religionsfragen eingesetzt. Seine Kontakte zu dem Drucker Christophe Plantin, dem Stecher Philipp Galle, dem Bildhauer Jacques Jonghelinck und dem Maler Pedro de Villegas Marmolejo sowie der Aufbau einer eigenen Kunstsammlung zeigen ihn als Kunstkenner, der wahrscheinlich nicht unerheblichen Einfluß auf die Ausstattung des Escorial nahm. In Italien, wo er eine Zeichnung Michelangelos geschenkt erhielt, lernte Arias Montano möglicherweise auch El Greco kennen, und man hat sogar vermutet, wenn auch ohne konkrete Beweise beizubringen, daß er es war, der den Künstler bei Philipp II. empfahl.[35] Diese Kontakte sowie die noch engeren in den Niederlanden brachten seinen Freunden im Escorial und in Sevilla, in einer Phase der beginnenden Isolation des spanischen Weltreiches, Kenntnisse neuer geistiger und künstlerischer Bewegungen.

Die Rolle Francisco Pachecos

Über den Maler und Kunstschriftsteller Francisco Pacheco (1564-1644) lesen wir in seiner Vita bei Antonio Palomino de Castro y Velasco, dem spanischen Vasari des 18. Jahrhunderts: »Pacheco war aus einer sehr vornehmen und in jener Stadt (gemeint ist Sevilla) bekannten Familie; und als solcher wurde er aufgenommen als Gehilfe der Inquisition (›Familiar del Santo Oficio de la Inquisición‹) und Beurteiler der heiligen Bilder (›Censor de las pinturas sagradas‹), eine Gnade, die ihm das Heilige Tribunal einräumte und ihm den Titel verlieh am 7. März 1618.«[36]

Doch irrte man, wollte man Pacheco als engherzigen Zensor sehen.[37] Er muß vielmehr als hochgebildeter Künstler gelten, den deutlich das weltoffene Klima Sevillas geprägt hat, wo sich nicht nur eine der modernsten Universitäten Spaniens befand, sondern auch durch den Amerikahandel Menschen aller Nationen und Berufe zusammentrafen und die Stadt in den Status einer international bedeutenden Metropole des 16. Jahrhunderts hoben. In der Tradition seines Onkels leitete der Maler seit 1600 eine Gelehrtenakademie, in der das geistige Leben der Stadt seine höchste Blüte fand. Zu ihr gehörten unter anderen der berühmte Dichter Rodrigo Caro (1573-1647), der mit Arias Montano befreundete Maler Pablo de Céspedes (1538-1608), von dem eines der ersten spanischen Kunsttraktate stammt, und der dritte Herzog von Alcalá, Fernando Enríquez Afán de Ribera, dessen Familie die reich mit Malereien und einer Altertümer-Sammlung ausgestattete Casa de Pilatos erbauen ließ *(Abb. 16)*. Darüber hinaus treffen wir in Pacheco den künstlerischen Lehrer von Diego Velázquez, der später sein Schwiegersohn wurde. Von ihm stammt das »Beschreibende Buch von den wahren Bildnissen und den erinnerungswürdigen Männern«, dem unser Porträt Quevedos entnommen ist *(Abb. 10)*. Er verfaßte auch das 1649 publizierte Werk »Die

16 **Casa de Pilatos, Sevilla, 1492 – 1. Drittel 16. Jahrhundert**

Kunst der Malerei«, das in seinem dritten Band einen Anhang enthält, der eine Art Führer zur katholischen Ikonographie darstellt.[38] Gerade an einem damals strittigen Beispiel, dem Thema »Christus am Kreuz«, läßt sich der nachhaltige Einfluß Francisco Pachecos erschließen.[39] Die von dem Künstler in einem eigenen Bild von 1614 propagierte Darstellung Christi *(Abb. 17)*, wie er mit vier statt vorher mit drei Nägeln und paralleler Beinstellung ans Kreuz geschlagen ist, in seinem Traktat dann durch gelehrte Verweise begründet, hat

HIC EST·IESVS·NAZARENVS
REX·IVDÆORVM·
1614

17 **Francisco Pacheco, Kreuzigung, 1614, 58 x 37 cm, Öl auf Leinwand, Madrid, Sammlung Gómez-Moreno**

über mehrere Jahrzehnte Nachhall in der Sevillaner Kunst gefunden. Dem Vorbild folgten nicht nur Pachecos Schüler, sondern auch Francisco de Zurbarán.

Francisco Pacheco spielte zudem eine wichtige Vermittlerrolle zwischen dem kastilischen und dem andalusischen Kunstgeschehen. Nicht nur, daß er wesentliche Grundlagen für den Erfolg des Velázquez am Madrider Hof legte, er half auch die neuen ikonographischen Vorstellungen El Grecos im Süden zu verbreiten. In seinem Traktat »Kunst der Malerei« kommt er immer wieder auf El Greco zu sprechen. Er berichtet von einem persönlichen Zusammentreffen im Jahr 1611, und später scheint er Kontakte zu dessen Sohn Jorge Theotokopouli unterhalten zu haben.[40] Was er an dem Meister aus Toledo schätzte, war seine Doppelbegabung für die Malerei und die humanistischen Studien, für die er ihn an die Seite Michelangelos, Leonardo da Vincis und Giorgio Vasaris stellte.[41] Von ihm stammt der Hinweis, El Greco habe in gelehrtester Weise über Malerei, Skulptur und Architektur geschrieben, eine Behauptung, für deren Richtigkeit kürzlich die Auffindung von dessen handschriftlichen Kommentaren zu einer Vitruv-Ausgabe des Daniele Barbaro (Venedig 1556) eine Bestätigung lieferte.[42] Vorbildhaftes schließlich erkennt er in der Malerei des hispanisierten Griechen bei der Darstellung des Hl. Franziskus.[43] Keiner habe wie El Greco die in den Chroniken überlieferte Gestalt des Ordensgründers erfaßt.

Diese Feststellung Francisco Pachecos unterstreicht unsere bisher nur aus der Beobachtung gewonnene Rückführung der von Zurbarán verwendeten Heiligenikonographie auf El Greco. Doch wie konnten die spanischen Künstler des Südens die vor allem für kastilische Auftraggeber geschaffenen Werke El Grecos kennenlernen? Nur wenig bekannt ist, daß El Greco zu seinen Schülern von 1605 bis 1608 auch einen Graphiker, Diego de Astor (gest. um 1650), zählte.[44] Im Besitz des Malers befanden sich bei seinem Tod auch zehn

18 **Diego de Astor, Der Hl. Franziskus und Bruder Leo meditieren über den Tod (nach El Greco), 1606, 23,5 x 15 cm, Kupferstich**

oder zwölf Druckplatten sowie einige hundert Abzüge. Wahrscheinlich gehörten dazu vier, heute nur noch in Einzelexemplaren erhaltene Gemäldenachstiche, unter denen sich auch das Blatt »Der Hl. Franziskus und Bruder Leo« (1606) findet *(Abb. 18)*. Natürlich kannte El Greco von Italien die wichtige Funktion der Druckgraphik bei der Verbreitung neuer Bildideen, und die hohe Qualität dieser Kupferstiche im Verhältnis zu anderen aus der Hand Diego de Astors lassen vermuten, daß der Maler hier korrigierend eingriff, um hochwertige Exempla seiner Kunst zu geben.

El Greco in Spanien

El Greco sah sich, als er nach Spanien kam, im Einklang mit der herrschenden Kunstsprache. Doch nachdem er mit der »Allegorie der Heiligen Allianz« (1577-79), als Paraphrase auf den Sieg bei Lepanto (1571), die Aufmerksamkeit Philipps II. erregt hatte, fand die eigentliche Probe *(Abb. 19)*, das Auftragswerk »Das Martyrium des Hl. Mauritius« (1580-82), nicht die Wertschätzung des Königs.[45]
Ein Vergleich mit der zweiten, vom König schließlich akzeptierten Fassung des Malers Romulo Cincinnato erlaubt einige Rückschlüsse auf die Kritikpunkte *(Abb. 20)*.[46] Hatte El Greco die Gewissensentscheidung des Heiligen und seiner Begleiter, nämlich ihr gemeinsames Bekenntnis zum christlichen Glau-

19 **El Greco, Das Martyrium des Hl. Mauritius, 1580-82, 448 x 301 cm, Öl auf Leinwand, El Escorial, Nuevos Museos**

20 **Romulo Cincinnato, Das Martyrium des Hl. Mauritius, 540 x 288 cm, Öl auf Leinwand, El Escorial, Kirche**

ben entgegen dem Befehl des römischen Kaisers, in den Vordergrund gerückt, so dominiert bei Cincinnato ihr Martyrium, das heißt eine auf die Erschütterung und Läuterung des Betrachters zielende Hinrichtungsszene. Mißfallen mag auch die Einbeziehung einer lebenden Person in das historische Thema erregt haben. So ist auf dem Bildrand Emanuel Philibert, Herzog von Savoyen und Großmeister des Hl. Mauritius-Ordens (mit Brustharnisch, rechts vom Heiligen) dargestellt, der Gewinner der Schlacht, die zum Bau des Escorial geführt hatte.

Die Enttäuschung seiner höfischen Ambitionen führte El Greco nach Toledo zurück, wo er 1585 drei Räume im Palast des Marquis von Villena mietete. Hier führte er eine Werkstatt, die bei Altaraufträgen nicht nur die Malerei, sondern auch die polychrome Skulptur und das architektonische Rahmenwerk übernahm.

Es scheint, daß sich El Greco bei späteren Aufträgen die Kritik Philipps II. zu Herzen genommen hat – etwa in der stärkeren Betonung der Hauptpersonen, dem Abzielen auf unmittelbare Empfindung und dem Verzicht auf alles ausschmückende Beiwerk. Dennoch lieferte er auch in der Folgezeit eigene Interpretationen der gestellten Themen, wie das Gemälde »Die Entkleidung Christi« von 1577-79 für einen Umkleideraum der Kathedrale von Toledo zu belegen vermag, das einen langen Rechtsstreit nach sich zog *(Abb. 21)*.[47] Der Kanonikus García de Loaysa Girón forderte als kirchlicher Vertreter Korrekturen, da es ihm unschicklich erschien, daß einzelne Köpfe den Gottessohn überragten und die drei Marien entgegen der biblischen Überlieferung der Szene beiwohnten. Konstatiert man mit einiger Verwunderung, daß das Bild dennoch bis heute in der Hauptkirche Toledos verblieb, so überrascht noch mehr,

21 **El Greco, Die Entkleidung Christi, 1577-79, 285 x 173 cm, Öl auf Leinwand, Toledo, Kathedrale**

daß auch alle späteren Versionen die kritisierte Komposition beibehielten.[48]

El Greco mußte seine Vorstellungen verteidigen, aber er war zu keinem Zeitpunkt Opfer inquisitorischer Verfolgung.[49] Das gilt auch für die vielen späteren Prozesse, bei denen man als eigentliche Ursache die unterschiedliche Wertschätzung der künstlerischen Leistung in Italien und Spanien und die sich daraus ergebenden Honorarkonflikte ausmachen kann. El Greco, so gilt es immer wieder festzuhalten, war weder im verborgenen den spanischen Mystikern besonders zugeneigt, noch hat er neue ikonographische Typen allein aus sich heraus entwickelt. Man darf annehmen, daß in der Regel die Auftraggeber den Rahmen bestimmten, wenn auch in Absprache mit dem überaus gebildeten Künstler. Nur in Einzelfällen, wenn es um ästhetische Wirkungen ging, wird El Greco auf eigenen Vorstellungen beharrt haben.

Wenn dennoch der Cervantes-Preisträger des Jahres 1989, der mexikanische Schriftsteller Carlos Fuentes (geb. 1928), in seinem Roman »Terra Nostra« (1975) die Angst vor der Veränderung als typisch für die spanische Machtelite des 16. Jahrhunderts erkennen möchte,[50] müssen wir uns fragen: Waren die spanischen Kirchenoberen kurzsichtig, um nicht zu erkennen, wie in der Malerei El Grecos gerade ihre neuen Bildideen triumphierten? Eine andere Möglichkeit, angesichts der »leyenda negra« von fast ketzerischer Bedeutung, wäre die These, daß zumindest einige von ihnen die Notwendigkeit sahen, im Zusammenhang mit der katholischen Reform auch eine neue, zeitgemäße Bildsprache zu entwickeln. Fragen wir also, warum El Greco die Brille so auffällig zur Schau stellte, wo man doch annehmen sollte, daß dieses Hilfsmittel bei offiziellen Porträts gerade verborgen würde.

Die Brille

Im 16. und 17. Jahrhundert kam das Brillentragen vielerorts in Mode *(Abb. 22)*.[51] Neben die bis dato üblichen runden Gläser traten nun auch ovale. Die traditionellen Rahmen aus Metall und Knochen wurden ergänzt durch solche aus Horn und Leder. Die eigentliche technische Revolution aber brachte die Ein-

22 **Philipp Galle, Conspicilla (nach Stradanus, Nova Reperta), 1600, Kupferstich**

führung von Brillen, die im Gesicht fest verankert werden konnten. Fortschritte in der Optik hatten damals ein beständiges Tragen der Sehhilfe möglich gemacht, obwohl es von seiten der Ärzte immer noch generelle Bedenken gegen die Brille gab.

Die frühesten Formen meint Corson, der eine Geschichte der Brillenmoden schrieb, in einer Verbindung von robustem Leder- oder Horngestell mit breitem Lederriemen zu erkennen, die um den Kopf gebunden werden konnten *(Abb. 23)*.[52] Doch erst ein Ende des 16. Jahr-

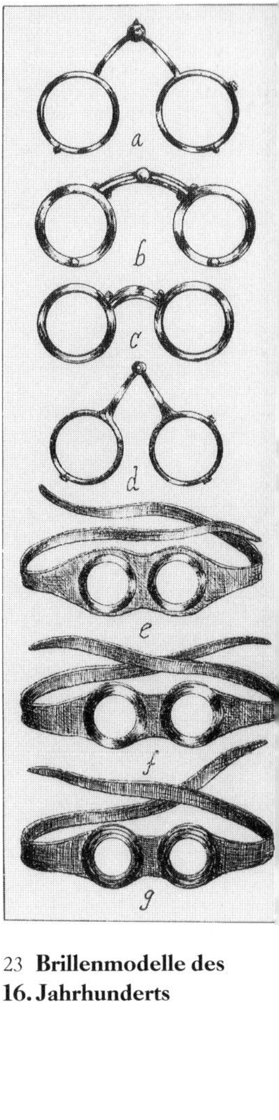

23 **Brillenmodelle des 16. Jahrhunderts**

24 **Anonym, Girolamo Capivaccio, um 1580, Kupferstich**

25 **Pedro Orrente, Das Wunder der Hl. Leocadia, 1617, 250 x 300 cm, Öl auf Leinwand, Toledo, Kathedrale**

hunderts in Spanien und Italien entwickelter Brillentyp, bei dem die Gläser mittels einer Schnurschleife an den Ohren befestigt wurden, erfuhr weitere Verwendung. Diese sogenannte »Fadenbrille« finden wir in zwei um 1580 entstandenen graphischen Bildnissen des Paduaner Medizin- und Philosophie-Professors Girolamo Capivaccio *(Abb. 24)*[53], in einem gemalten Porträt des Padre Jerónimo de Florencia[54] und auch bei dem von Pedro Orrente (1580-1645) gemalten »Wunder der Hl. Leocadia« *(Abb. 25)*.[55]

Eine erste Enzyklopädie der Brille schrieb ein Notar der spanischen Inquisition, Benito Daza de Valdés.[56] Sie erschien 1623 in Sevilla unter dem Titel »Der Gebrauch der Brille für jede Art von Auge: In welchem man die Grade kennenlernt, die jedem zu seinem Sehvermögen fehlen, und die, welche die Brillen haben und auch die Zeit, in der man sie benutzt, und wie man sie bei Mangel erbittet, mit anderen wichtigen Hinweisen zur Nützlichkeit und Bewahrung der Sehkraft«. Das hier angehäufte Wissen schien auch späteren Generationen wertvoll, so daß es noch 1892 zu einer Übersetzung ins Italienische kam.

Nach einer allgemeinen Einführung stellt das Buch in Form von drei fiktiven Dialogen die wichtigsten bekannten Brillentypen, darunter auch das Fadenmodell, vor. Sehbehinderte werden auf den großen Nutzen der Erfindung verwiesen, die nicht nur neuen Zugang zu kirchlichen, sondern auch zu weltlichen Dingen erschließen kann. So beschreibt der Autor all die Vergnügungen und Freuden des Auges, die die Brille zurückgibt: den Blick auf die Blumen eines schönen Gartens und die Stiere auf einem königlichen Platz sowie den Anblick der Prinzessinnen bei einem fürstlichen Fest. Nebenbei erfahren wir, daß auch Philipp II. eine Brille trug, deren Gestell er am Hut befestigt hatte.

Für eine eigene Sehhilfe empfiehlt der Autor, in Madrid oder Lissabon nachzufragen, und so hat der Brillenhistoriker Schmitz wohl recht, wenn er Spanien als das Land sieht, wo die Brille zuerst größere Beachtung fand:[57] Ihr Durchmesser gab sogar Auskunft über die Bedeutung des Trägers, und nur die Granden,

26 **Jusepe de Ribera,**
Santiagoritter, Mitte 30er Jahre des 17. Jahrhunderts, 144 x 105 cm, Öl auf Leinwand, Dallas (Texas), Meadows Museum, Southern Methodist University

die Spitzen der Adelshierarchie, durften sich der ganz großen, der sogenannten »Ocales«, bedienen.
Kein Zufall also, daß wir gerade im Santiago-Orden, der angesehenen Adelsvereinigung, in die Diego Velázquez erst nach jahrelangen Bemühungen und mit der Hilfe von fast 150 Zeugen für seine Herkunft aufgenommen wurde, den Brillenträger wiedertreffen. Ein besonders eindrucksvolles Bildnis stammt von Jusepe de Ribera und wird in die Mitte der 30er Jahre des 17. Jahrhunderts datiert *(Abb. 26)*.[58] Möglicherweise handelt es sich um eine Darstellung von Don Manuel Fonseca y Zuñiga, den sechsten Herzog von Monterey, der als Vizekönig von Neapel Riberas wichtigster Mäzen und ein enger Freund von Francisco de Quevedo war. Wie in El Grecos Kardinalsporträt dominiert scheinbar die dunkle Brille das ganze Gesicht. Durch Lichtreflexe auf den Linsen und Schatten des Gestells im Augenbereich hat der Künstler sie zusätzlich hervorgehoben.
Suchen wir im 17. Jahrhundert nach weiteren Bildbeispielen, so offeriert uns vor allem die Bildniskunst weiteres Material. Von dem erwähnten Francisco Pacheco hat sich das auf den 30. Juli 1625 datierte Porträt eines Caballeros erhalten.[59] Unter den Gelehrten und Dichtern gibt es eine weitere anonyme Darstellung des Francisco de Quevedo von 1630[60], und auch einer der Initiatoren der Escorialbibliothek und Freund des Benito Arias Montano, der Humanist Pedro de Valencia (1555-1620), wird als Brillenträger überliefert.[61]

27 **Francisco de Zurbarán. Der Hl. Buonaventura auf dem Konzil von Lyon, 1627, 250 x 225 cm, Öl auf Leinwand, Paris, Louvre**

Gehört die Brille als selbstverständliches Attribut zu einer Allegorie des Sehsinns (1615-16) von Ribera,[62] so überrascht ihre auffällige Präsenz in vielen religiösen Darstellungsszenen aus Spanien, für die hier beispielhaft zwei Bilder von Zurbarán stehen sollen: »Der Hl. Buonaventura auf dem Konzil von Lyon« von 1627 *(Abb. 27)*[63] und »Die Präsentation der Jungfrau von El Puig« von 1630.[64]

Die Bedeutung »Gelehrsamkeit« verschafft der Brille den Zugang in den ikonographischen Apparat einzelner Heiliger. Neben den Aposteln Simon und Matthäus, die Antonio Arias Fernández (1614-1684) mit Sehhilfen ausstattet,[65] ist es vor allem der Hl. Hieronymus, für den sie ein obligates Attribut bildet. Bildbeispiele von Luis Tristán (um 1585-1624) *(Abb. 28)*,[66] Francisco Collantes (1599-1666)[67] und Juan Ribalta[68] führen uns wieder zurück auf die Bildwelt El Grecos, dessen bereits genannter Hl. Ildefons deutlich in der typologischen Tradition des Kirchenvaters steht *(Abb. 8)*.

28 **Luis Tristán, Der Hl. Hieronymus, 20er Jahre des 17. Jahrhunderts, 108 x 82 cm, Öl auf Leinwand, Toledo, Konvent von San Pablo**

29 **El Greco (?), Familienbild, 1586-1605, 97 x 171 cm, Öl auf Leinwand, Madrid, Real Academia de San Fernando**

El Greco führte die Brille nicht nur im großen repräsentativen Bildnis ein, in seinem Umfeld erscheint sie in Spanien auch zum ersten Mal im Gebrauch einer Frau. Das um 1600 gemalte Familienbild *(Abb. 29)*, ihm oder seinem Sohn Jorge Manuel zugeschrieben, steht in der niederländischen Tradition von Darstellungen der »Hl. Sippe«. Ein Beispiel von Geertgen tot Sint Jans (zwischen 1460 und 1465 – vor 1495) unterstreicht diesen Zusammenhang *(Abb. 30)*.[69] Auch wenn die Brille in der niederländischen Malerei des Spätmittelalters häufig anzutreffen ist, hat sie hier doch in der Regel eine negative Bedeutung und erscheint nur in der Form der technisch alter-

30 **Geertgen tot Sint Jans, Die Hl. Sippe, 138 x 105 cm, Öl auf Holz, Amsterdam, Rijksmuseum**

31 **Bartolomé Esteban Murillo, Figurengruppe, um 1660, 110 x 143 cm, Öl auf Leinwand, Fort Worth, Kimbell Art Museum**

tümlichen, einfachen Bügelbrille. Das Thema der Hl. Sippe ist später bei Bartolomé Esteban Murillo in einem um 1660 entstandenen Gemälde noch weiter profanisiert worden, wobei die Sehhilfe an Größe gewaltig zunahm *(Abb. 31)*.[70]

Die spanische Brillenmode im 18. Jahrhundert

Im 18. Jahrhundert mißgönnte man den Spaniern ihren Beitrag zur Entwicklungsgeschichte der Brille und verspottete sie sogar für ihre Vorliebe, sich mit Sehhilfen auszustatten.

Was einst technischer Fortschritt war, wurde 1721 von Charles-Louis de Secondat, Baron de Montesquieu (1689-1755), in seinen »Persischen Briefen« zum nationalen Makel umgedeutet: »Die Bedeutung (gravedad) der Spanier zeigt sich hauptsächlich in zweierlei Weise: in ihren Brillen und in ihren Bärten.«[71]

José Cadalso y Vázquez (1741-1782), neben Francisco de Quevedo ein weiterer Streiter, diesmal des 18. Jahrhunderts, gegen die »leyenda negra«, hat darauf in seinem Kommentar zu Montesquieu geantwortet: »Ich dachte, daß unsere spanische Größe (gravedad) in unserer Rechtschaffenheit, Bescheidenheit, Frömmigkeit und dem Haß auf alles Überflüssige bestand. Aber der Herr Präsident von Montesquieu hat mir die Augen geöffnet. Sie ist verbunden mit unseren Brillen und Bärten. Wenn einige Männer voll Dünkel sind, über das, was ihnen als Wissenschaft vorkommt und was sie mit ihren Brillen zur Schau stellen, dann muß man schließen, daß die ganze Nation die Brille als ausreichende Grundlage ihrer Größe betrachtet; ebenso könnte man meinen, daß die französische Nation ihren ›Schöngeist‹ auf die Lorgnetten ihrer oberflächlichen Weisen gründet. Aber dies würde die wahren Weisen von Frankreich mißverstehen heißen, wie Montesquieu die wahren Weisen von Spanien mißversteht ...«[72]

Nikolaus Hieronymus Gundling, Professor der Philosophie in Halle, schrieb in seinen »Otia« (Frankfurt und Leipzig 1706) über das Temperament der Spanier und ihre typischen

Leiden. Neben Seitenstechen, Herzklopfen, Koliken, Kropf und Blutstürzen wird in diesem Zusammenhang auch die »Blödigkeit des Gesichts« erwähnt. Letzteres, meint der Autor, versuchten die Spanier durch das Tragen von großen Brillen zu verdecken, so daß sich eine Mode entwickelt habe und vornehme Personen immer mit einer Sehhilfe ausgestattet seien.[73]

Belegt dieser für unsere Augen doch recht merkwürdige Disput die Fortdauer der spanischen Brillenmode bis ins 18. Jahrhundert, so drückt sich die neue Bewertung der Sehhilfe nun auch in einer veränderten Zuordnung aus. Es ist nicht mehr der gewissenhafte Gelehrte, der einflußreiche Grande oder der studierende Heilige, dessen Bedeutung sie unterstreicht, sondern der bohrende Blick des Inquisitors er-

32 **Anonym, Consejo de la Suprema (y General Inquisición), 19. Jahrhundert, Graphik**

hält durch sie Gewicht. Eine anonyme Illustration, einer neueren Ausgabe der »Kritischen Geschichte der Inquisition in Spanien« von Juan Antonio Llorente beigegeben *(Abb. 32)*,[74] steht in der Tradition der älteren El Greco-Forschung und mißversteht die ursprüngliche Symbolkraft, die der Brille in Spanien zukam, gänzlich oder sieht sie in der negativen Bedeutung, die ihr in der niederländischen Sinnbildkunst zukam.[75]

El Greco und die Tradition des Ganzfigurenporträts

Lassen wir nun einmal die Brille beiseite und erinnern uns der eingangs diskutierten Tradition des Ganzfigurenporträts. Wie hat sich diese Gattung in den folgenden Jahrhunderten weiterentwickelt, und welcher Stellenwert kommt dabei der Bilderfindung El Grecos zu? Vergleichsbeispiele des 17. Jahrhunderts für El Grecos Kardinalsporträt finden wir bei Anthonis van Dyck, Guido Reni und Fray Juan Rizi. Während Van Dyck sich mit seiner Darstellung des »Kardinals Bentivoglio« deutlich auf die auch für El Greco wichtigen venezianischen Wurzeln rückbezieht, sonst aber die klare Hintergrundstruktur durch vielfältige Attribute ersetzt,[76] zeigt der »Kardinal Spada« (gest. 1661) von Reni auch im räumlichen Ambiente überraschende Parallelen zu El Greco *(Abb. 33)*.[77]

33 **Guido Reni, Kardinal Spada, 1627-31, 227 x 147 cm, Öl auf Leinwand, Rom, Galleria Spada**

34 **Fray Juan Rizi, Fray Alonso de San Vitóres, um 1656, 210 x 158 cm, Öl auf Leinwand, Burgos, Museo de Bellas Artes**

Der von Fray Juan Rizi gemalte »Fray Alonso de San Vitóres« (um 1656) schließlich belegt, daß ganzfigurige Bildnisse geistlicher Honoratioren auch in Spanien weiterhin Anklang fanden *(Abb. 34)*.[78] Ob El Grecos Kardinal dabei als Modell diente, wie Pérez Sánchez in diesem Fall vermutet hat, muß zunächst offenbleiben. Tatsache jedoch ist, daß die spanische Malerei für die Geschichte der Porträtkunst des 16. und 17. Jahrhunderts bisher eine zu geringe Rolle gespielt hat. Wie in so manch anderen Fällen darf man vermuten, daß Zwischenstufen bisher nicht hinreichend bekannt oder sogar in folgenden Jahrhunderten unwiederbringlich verlorengegangen sind.

Eindeutig aufgegriffen wurde El Greco dagegen von der spanischen Künstler- und Literatengeneration des Jahres 1898, deren erklärtes Ziel die Erneuerung spanischer Kulturtraditionen war.[79] Der 1912 von Ignacio Zuloaga

35 **Ignacio Zuloaga, Der Kardinal, 1912, 201 x 136 cm, Öl auf Leinwand, Bilbao, Museo de Bellas Artes**

gemalte »Kardinal« unterstreicht die Bedeutung der Brille für unser Bildnis *(Abb. 35)*.[80] So wie sein Image an intellektueller Ausstrahlung verliert, indem er die Sehhilfe statt auf der Nase in seiner rechten Hand hält, wirken die Porträts der Schriftsteller »Ramón del Valle Inclán« und »Miguel de Unamuno« *(Abb. 36)* erst durch dieses Attribut.[81] Pio Baroja schrieb über das letztere, 1936 gemalt von José Guitérrez Solana: »Ich glaube, Solana hatte keinerlei psychologisches Gespür, er sah alles sehr vereinfacht und plump. Unamunos Porträt ist das einer Holzfigur. Wenn man sich die Brille und den schwarzen Anzug weg-

36 **José Guitérrez Solana, Miguel de Unamuno, 1936, 141 x 116 cm, Öl auf Leinwand, Madrid, Museo Español de Arte Contemporáneo**

37 **Diego Velázquez, Papst Innozenz X., 1649-50, 140 x 120 cm, Öl auf Leinwand, Rom, Galleria Doria Pamphili**

denkt, bleibt nichts mehr übrig.«[82] Ein Vergleich mit Diego Velázquez' »Innozenz X.« (1649-50) erlaubt uns schließlich noch den Sprung in die zeitgenössische Moderne *(Abb. 37)*.[83] Mit diesem Bild hatte der Hofkünstler Philipps IV. ein Werk geschaffen, mit dem er die von Raffael begründete Tradi-

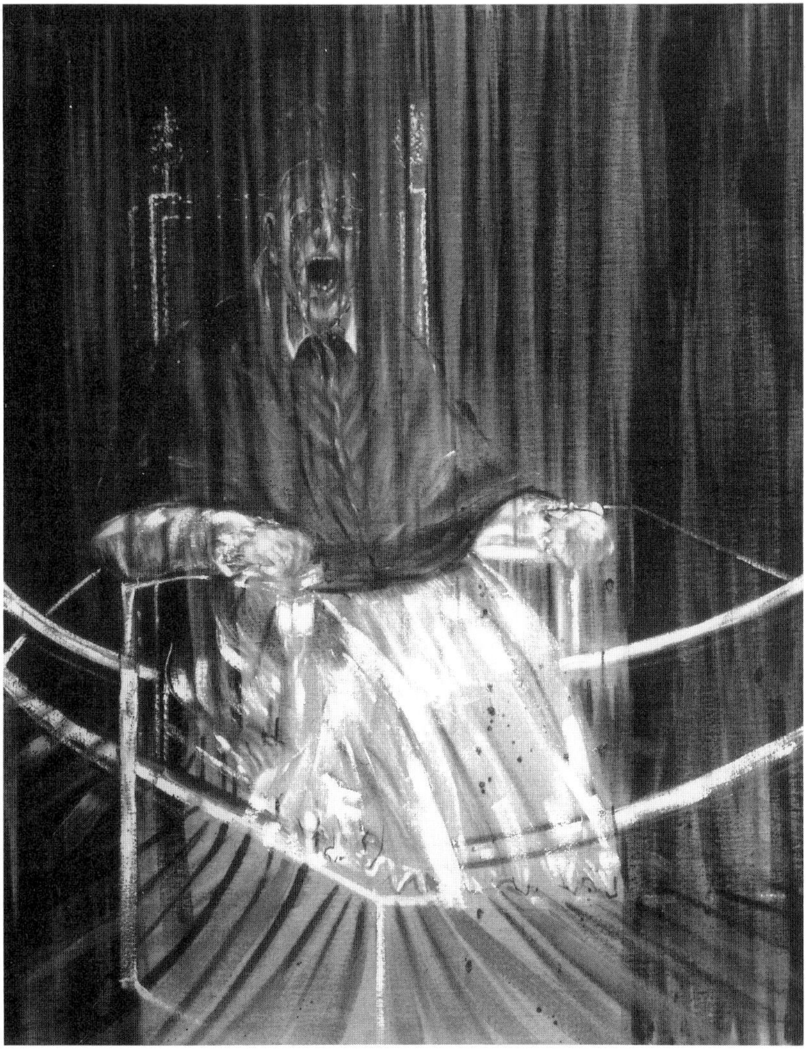

38 **Francis Bacon, Studie nach dem Porträt Innozenz X. von Velázquez, 1953, 153 x 118 cm, Öl auf Leinwand, Des Moines Art Center, Coffin Fine Arts Trust Fund**

tion der Papstdarstellung hinsichtlich der psychologischen Durchdringung und der Farbintensität noch steigern konnte, so daß es in Rom selbst zum bestimmenden Modell wurde. Ist es nun Zufall, daß dieses Porträt dem des »Großinquisitors« so ähnelt, und wie hat man sich die merkwürdige Koinzidenz zu erklären, die Francis Bacon im 20. Jahrhundert dazu führte, seiner Interpretation von Velázquez' »Innozenz X.« eine Brille beizugeben *(Abb. 38)*?[84]

Päpstliche Autorität für Fernando Niño de Guevara

Doch zuvor müssen wir noch ein anderes Problem ansprechen, das bisher sogar im Mittelpunkt der Forschung zu unserem El Greco-Porträt stand: die Identifizierung des Dargestellten. Obwohl schon Cossío auf die verwandtschaftlichen Beziehungen der letzten spanischen Besitzer des Bildes, der Familie Oñate, mit Fernando Niño de Guevara hingewiesen hatte und sogar eine Replik des Porträts an seinem Grabmal in dem Kloster San Pablo Ermitaño (Toledo) vorfand, gab es doch den Versuch, an seiner Stelle den Kardinal Bernardo de Sandoval y Rojas als Auftraggeber namhaft zu machen.[85] Im Kern stützte sich diese Hypothese nur auf zwei Punkte: zum einen auf die Ähnlichkeit unseres Bildnisses mit einem Porträt des Kardinals Sandoval y Rojas von Luis Tristán (1619) im Kapitelsaal der Kathedrale von Toledo[86] und zum anderen auf die Tatsache, daß Kardinal Sandoval y Rojas als ein besonderer Förderer der bildenden Künste überliefert wird.

Kürzlich aber fand man das 1632 datierte Inventar der Güter des Rodrigo Lasso de la Vega, eines Neffen des Großinquisitors, das unter anderem »ein Porträt des Kardinals Don Fernando Niño, Erzbischof von Sevilla, Großinquisitor, sitzend auf einem Stuhl« aufführt.[87] Es liegt nahe, dieses Gemälde mit dem Bild El Grecos in Verbindung zu bringen und die Identifizierung mit Sandoval y Rojas endgültig aufzugeben. Was schließlich das Kunstinteresse Niño de Guevaras angeht, so versah der Barockdichter Luis de Góngora y Argote eines seiner Sonette mit der Widmung: »Einer Galerie, die im erzbischöflichen Palast von Sevilla der Kardinal Erzbischof Don Fernando Niño de Guevara einrichten ließ, wo man alle Päpste und Einsiedler malte.«[88]

Die Tatsache, daß wir den »Großinquisitor« typologisch ohne Probleme mit Kaiser- und Papstporträts gleichsetzen können, und seine enorme Wirkung im 20. Jahrhundert belegen die herausragende Stellung des besprochenen Werkes, und wir haben uns zu fragen, welchen konkreten Anspruch El Greco und vor allem sein Auftraggeber damit formulieren wollten.

Wie schon erwähnt, war die Amtszeit Fernando Niño de Guevaras von kurzer Dauer, und daran hatte der Günstling Philipps III., der Herzog von Lerma, wesentlichen Anteil.[89] Dieser betrieb nämlich schon seit längerem den Aufstieg seines Onkels, des besagten Kardinals Bernardo de Sandoval y Rojas. Nachdem er erreicht hatte, daß der Papst diesen im April 1599 zum Erzbischof von Sevilla ernannte, also zur selben Zeit, als Fernando Niño de Guevara die Würde des Großinquisitors erlangte, wollte er ihn auch noch an die Spitze der Inquisition heben. Es spricht also vieles dafür, daß Niño de Guevara sich in einer sehr unangenehmen Konkurrenzsituation befand.

Für sein Porträt wählte er nun nicht nur einen Maler, der dem spanischen Hof eher fern stand, sondern auch eine Darstellungsform, die, betrachtet man die spanische Porträtmalerei der Zeit, durchaus als ungewöhnlich gelten muß. Ganzfigurenbildnisse waren nämlich vor allem dem Kaiser, sehr hochstehenden Hofleuten und dem Papst vorbehalten. Indem sich Niño de Guevara in der Art der von Raffael und besonders von Tizian entwickelten Papstporträts malen ließ, berief er sich auch auf die päpstliche Autorität, der er sein Amt verdankte. Gegenüber dem mächtigen Herzog von Lerma demonstrierte er damit, daß er nicht gewillt war, seinen Anspruch auf den Stuhl des Großinquisitors höfischen Machtintrigen zu opfern.

Dennoch wurde Niño de Guevara im März 1601 in das Amt des Erzbischofs von Sevilla weggelobt. Sandoval y Rojas jedoch sträubte sich bis 1608, die freigewordene Stelle in Toledo zu akzeptieren.

Innovatives Bewußtsein von Künstler und Auftraggeber

Fassen wir also zusammen: El Grecos Vertrautheit mit der Kultur des östlichen und westlichen Mittelmeerraumes, seine persönliche Kenntnis der bedeutendsten Kunst seiner Zeit, gepaart mit der Fähigkeit, Überflüssiges zu eliminieren und einprägsame neue Bildformeln zu kreieren, geben ihm die Möglichkeit, zu einem wichtigen Erneuerer und Wegbereiter der spanischen Kunst des »Siglo de oro« zu werden. Tatsächlich scheinen die Rahmenbedingungen zunächst günstig. Spanien wird weniger als Italien von den Forderungen Luthers überrascht. Es hat bereits gewisse kirchliche Reformen gegeben, und die Ideen des Erasmus finden noch bis zur zweiten Hälfte des 16. Jahrhunderts Befürworter. Zu unserer Überraschung müssen wir konstatieren, daß Gutachter der Inquisition, wie Benito Arias Montano und Francisco Pacheco, sich für die Künste engagieren, daß ein Notar der Inquisition eine naturwissenschaftliche Enzyklopädie schreibt und daß sogar die Großinquisitoren selbst als Mäzene auftreten. Hatte schon zu Beginn des 16. Jahrhunderts der Kardinal Jiménez Cisneros, von Erasmus als Schirmherr des Humanismus bezeichnet, seine Position bei der Inquisition keineswegs als Hindernis für die Kunstpflege begriffen, so gilt das auch noch zu Beginn des 17. Jahrhunderts für Männer wie Sandoval y Rojas und Niño de Guevara.

Wenn wir etwas anderes erwartet haben, so hängt das mit unserem Spanienbild und insbesondere unserer Vorstellung von El Greco zusammen. Ein von dem großen Mystiker im Land der Ketzergerichte gemalter Kardinal kann kein »kluger Mann gewesen sein«, er muß das »Fatum selbst« repräsentieren. Man hatte El Greco unterstellt, er sei kurzsichtig gewesen und habe nur aufgrund der fehlenden Brille – so einer nämlich, wie er Niño de Guevara gemalt hatte – seinen besonderen Stil entwickelt. Nun können wir mit einiger Sicherheit sagen, daß der Künstler und seine Auftraggeber sehr genau wußten, was sie zur Darstellung brachten. In den religiösen Führern Toledos fand El Greco eine Klientel, die gegenüber seinem Stil und seinen ungewöhnlichen Bildideen nicht nur eine gewisse Offenheit zeigte, sondern sogar nach Neuerungen verlangte.

Aber Toledo war leider nicht das Modell des neuen Spanien des 17. Jahrhunderts. Statt dessen führten der wachsende Zentralismus, die Isolation nach außen und die fehlende Förderung des intellektuellen Lebens zu einer Degeneration. Dabei gilt es immer wieder festzuhalten, daß Zensur und Kontrolle künstlerischer Medien in Spanien nicht aus dem Gegensatz weltlicher und kirchlicher Mächte entstanden, sondern in der Regel mit unterschiedlichen Bildungsgraden zu tun hatten. Als man 1632 mit einer Veröffentlichung gegen Aktdarstellungen zu Felde ziehen wollte, fragte man nicht die Bischöfe, aber auch nicht die am Hof konzentrierte Gelehrsamkeit, sondern publizierte Stellungnahmen des in den Künsten wenig bewanderten Lehrkörpers aus Salamanca und Alcalá de Henares.[90]

Fernando Niño de Guevara jedenfalls bewies eigene Urteilskraft und seine Bewunderung für technische Neuerungen, als er sich El Greco zum Porträtisten wählte, den Philipp II. wegen seiner eigenwilligen Bildsprache abgewiesen hatte, und indem er bei dieser Gelegenheit mit der fortschrittlichsten Brille seiner Zeit, der Fadenbrille, posierte *(Abb. 39)*.

39 **El Greco, Ein Kardinal (Fernando Niño de Guevara), Detail, um 1600, 194 x 130 cm, Öl auf Leinwand, New York, Metropolitan Museum of Art**

1 Manuel Bartolomé Cossío, El Greco. 2 Bde., Madrid 1908, S. 420-424, Nr. 283. – Vgl. auch das neue Werkverzeichnis: Harold E. Wethey, El Greco and his School. 2 Bde., Princeton 1962, Bd. 2, S. 95, Nr. 152; Abb. Bd. 1, Nr. 334. – Eine Teilkopie des Porträts aus der Werkstatt El Grecos befindet sich in Winterthur: Wethey, Bd. 2, S. 205, Nr. X-187.

2 Max Dvorák, Über Greco und den Manierismus, in: Jahrbuch für Kunstwissenschaft, Bd. 1/XV, 1921/22, Wien 1923, S. 35.

3 August L. Mayer, El Greco, Berlin 1931, S. 131-133.

4 Zur Biographie El Grecos vgl.: Jonathan Brown, El Greco and Toledo, in: Kat. der Ausst. El Greco of Toledo, National Gallery of Art, Washington D. C., 2. Juli-6. September 1982, S. 75-147.

5 Kat. der Ausst. El Greco of Crete, Chamber of Commerce and Basilica of St. Mark, Iraklion, Kreta, 1. September-10. Oktober 1990, S. 142-145, Nr. 1 und S. 329-330.

6 Guilio Mancini, Considerazioni sulla pittura, 1614, hrsg. v. Adriana Marucchi und Luigi Salerno. 2 Bde., Rom 1956-57, Bd. 1, S. 230-231.

7 El Greco of Crete. International Conference on the Occasion of the 450th Anniversary of his Birth, Municipality of Iraklion, Kreta, 1.-5. September 1990. – Die Vorträge dieses Kongresses werden voraussichtlich 1991 publiziert.

8 Über die Geschichte des Staatsporträts informiert: Konrad Oberhuber, Raphael and the State Portrait. I: The Portrait of Julius II, in: The Burlington Magazine, Bd. 113, März 1971, S. 124-130, und ders., Raphael and the State Portrait. II: The Portrait of Lorenzo de Medici, in: The Burlington Magazine, Bd. 113, August 1971, S. 436-443. – Eine neue Sicht des spanischen Königsporträts im 17. Jahrhundert liefert: Victor I. Stoichita, Imago Regis: Kunsttheorie und königliches Porträt in den Meniñas von Velázquez, in: Zeitschrift für Kunstgeschichte Bd. 49, 1986, S. 165-189.

9 Vgl. zu dem Ganzfigurenbildnis Pauls III.: Roberto Zapperi, Tizian. Paul III. und seine Enkel, Frankfurt a. M. 1990.

10 Kat. der Ausst. Da Tiziano a El Greco. Per la storia del Manierismo a Venezia 1540-1590, Palazzo Ducale, Venedig, September-Dezember 1981, S. 264, Nr. 102. – Die neue Datierung findet sich bei Harold E. Wethey, El Greco in Rome and the Portrait of Vincenzo Anastagi, in: Jonathan Brown und José Manuel Pita Andrade (Hrsg.), El Greco: Italy and Spain, Washington 1984, S. 176.

11 Wethey, s. Anm. 1, Bd. 2, S. 18-19, Nr. 23; Abb. Bd. 1, Nr. 139.

12 Vgl. zur Geschichte spanischer Möbel: María Paz Aguiló, El mueble clásico español, Madrid 1987.

13 Stefan Andres, El Greco malt den Großinquisitor, 1936, in: Stefan Andres, Novellen und Erzählungen, München 1962, S. 7-37.

14 Ebenda, S. 32.

15 Frauke Gewecke, De »noveleros«, »sediciosos« y un Catón »salvaje«: La leyenda negra en el contexto de los conflictos religiosos-politicos europeos, siglo XVI, in: Estudios de literatura española y francesa. Siglos 16 y 17. Homenaje a Horst Baader, Frankfurt a. M. 1984, S. 237-254.

16 Zur Geschichte der Inquisition, vgl. den Kat. der Ausst. La Inquisición, Palacio de Velázquez del Retiro. Madrid, Oktober-Dezember 1982, und Historia de la Inquisición en España y América, hrsg. v. Joaquín Pérez Villanueva und Bartolomé Escandell Bonet. Bd. 1, Madrid 1984. – Erst 1478 räumte Sixtus IV. mit der Bulle »Exigit sincerae devotionis affectus« den katholischen Königen die Möglichkeit ein, Inquisitoren zu ernennen.

17 Francisco de Quevedo, España defendida y los tiempos de ahora. De las calumnias de los noveleros y sediciosos, in: Don Francisco de Quevedo y Villegas, Obras completas, hrsg. v. Felicidad Buendía. Bd. 1: Obras en prosa, Madrid 1969 (1966[1]).

18 Eine kurze Zusammenfassung der Rezeptionsgeschichte gibt: Jonathan Brown, El Greco, the Man and the Myths, in: Kat. der Ausst. El Greco of Toledo, s. Anm. 4, S. 15-33. – Eine gründliche Darstellung mit einer Anthologie von Quellentexten liefert: José Alvarez Lopera, De Cean a Cossío: La fortuna crítica del Greco en el siglo XIX. Bd. 2 (Bd. 1 ist noch nicht erschienen), Madrid 1987.

19 Julius Meier-Graefe, Spanische Reise, Berlin 1910.

20 Klaus Lankheit, Franz Marc. Schriften, Köln 1978, S. 148.

21 Dvorák, s. Anm. 2.

22 Werner Weisbach, Der Barock als Kunst der Gegenreformation, Berlin 1921.

23 Erwähnen möchte ich in diesem Zusammenhang die beiden Sammelbände: Jonathan Brown (Hrsg.), Figures of Thought: El Greco as Interpreter of History, Tradition and Ideas, Washington 1982, in: Studies in the History of Art, Bd. 11, und Jonathan Brown und José Manuel Pita Andrade (Hrsg.), El Greco. Italy and Spain, Washington 1984, in: Studies in the History of Art. Bd. 13. Auf spanischer Seite wäre hervorzuheben: Fernando Marías und Agustín Bustamente García, Las ideas artísticas de El Greco, Madrid 1981.

24 Richard G. Mann, El Greco and his Patrons, Cambridge 1986.

25 Carl Justi, Zur spanischen Kunstgeschichte, in: Baedeker Spanien und Portugal, Leipzig 1912 (1898[1]), S. LXXXII. – Zu Justis Sicht von El Greco vgl.: Michael Scholz-Hänsel, Justi und Greco, in: Kunstchronik, Bd. 43, 1990, H. 9, S. 489-494.

26 Kat. der Ausst. El Greco of Toledo, s. Anm. 4, S. 246, Nr. 38.

27 Andrea Emiliani, Federico Barocci (1535-1612). 2 Bde., Bologna 1985, Bd. 1, S. 119; Abb. S. 118. – Marie Mauquoy-Hendrickx, Les Estampes des Wierix. 4 Bde., Brüssel 1978-1983, Bd. 2, S. 204, Nr. 1131; Abb. Taf. 151.

28 Kat. der Ausst. Zurbarán, The Metropolitan Museum of Art. New York, 22. September-13. Dezember 1987, S. 271.

29 Kat. der Ausst. El Greco of Toledo, s. Anm. 4, S. 246, Nr. 38.

30 Dies war ein Hauptpunkt auf dem Symposium in Iraklion, s. Anm. 7.

31 Einen ersten Anstoß in dieser Richtung gab bereits: Carl Justi, Philipp II. als Kunstfreund, in: Miscellaneen aus drei Jahrhunderten spanischen Kunstlebens. 2 Bde., Berlin 1908, Bd. 2, S. 1-36. – Einen Forschungsbericht bis 1984 enthält: Michael Scholz-Hänsel, Eine spanische Wissenschaftsutopie am Ende des 16. Jahrhunderts, Münster 1987.

32 J. H. Elliott, Imperial Spain 1469-1716, Harmondsworth 1981 (1963[1]), S. 104-105.

33 Marcel Bataillon, Erasmo y España, Buenos Aires 1950 (1937[1]), S. 90.

34 Zu Benito Arias Montano vgl.: Sylvaine Hänsel, Der Humanist Benito Arias Montano (1527-1598) und die Kunst, Münster 1991.

35 Kat. der Ausst. El Greco of Toledo, s. Anm. 4, S. 94.

36 Antonio Palomino, Vidas, hrsg. v. Nina Ayala Mallory, Madrid 1986, S. 135.

37 Zu Pacheco vgl.: Jonathan Brown, Arte y teoría en la Academia de Francisco Pacheco, in: Jonathan Brown, Imágenes e ideas en la pintura española del siglo XVII, Madrid 1985 (englische Ausgabe: 1978), S. 31-112; Juan Miguel Serrera und Enrique Valdivieso, Historia de la pintura española. Escuela sevillana del primer tercio del siglo XVII, Madrid 1985, S. 16-116.

38 Francisco Pacheco, Arte de la pintura, hrsg. v. Francisco Javier Sánchez Cantón, Madrid 1956.

39 Christina Cañedo Argüelles, Arte y teoría: La contrarreforma y España, Oviedo 1982, S. 107-110.

40 Pacheco, s. Anm. 38, Bd. 2, S. 8-9.

41 Ebenda, S. 159.

42 Vgl. hierzu: Bustamente und Marías, s. Anm. 23.

43 Pacheco, s. Anm. 38, S. 344-345.

44 Ana María Roteta de la Maza, La ilustración del libro en la España de la contrarreforma. Grabados de Pedro Angel y Diego de Astor 1588-1637, Toledo 1985.

45 Vgl. hierzu das Urteil des Chronisten des Escorial: José de Sigüenza, Fundación del monasterio de El Escorial, Madrid 1963, S. 385: »no le contentó a su Majestad (no es mucho), porque contenta a pocos, aunque dicen es de mucho arte y que su autor sabe mucho«.

46 Vgl. hierzu: Annie Cloulas-Brousseau, Le Greco à l'Escorial: Le martyre de Saint Maurice, in: Brown und Pita Andrade, s. Anm. 23, S. 49-54.

47 Kat. der Ausst. El Greco of Toledo, s. Anm. 4, S. 95-98.

48 Vgl. hier u. a. die Münchner Fassung: Halldor Soehner, Alte Pinakothek. Bestandskatalog Spanischer Meister. 2 Bde., München 1963, Textband S. 79-85, Tafelband Abb. 23-28.

49 Vgl. hierzu: Bustamente und Marías, s. Anm. 23, S. 204-219. – Einige Überlegungen zum Verhältnis von Kunst und Inquisition enthält der Aufsatz: Michael Scholz-Hänsel, Die Inquisition als Thema und Richtstelle der Kunst, in: Glaubensprozesse – Prozesse des Glaubens?, hrsg. v. Peter Blumenthal und Titus Heydenreich, Tübingen 1989, S. 123-141.

50 Carlos Fuentes, Terra Nostra, Barcelona 1975.

51 Die Bildgeschichte der Brille bis ins 16. Jahrhundert hat untersucht: Heinz Herbert Mann, Augenglas und Perspektiv. Studien zur Ikonographie zweier Bildmotive, Berlin 1990; Herrn Mann danke ich für ein Gespräch und mehrere Anregungen zu dieser Arbeit.
Technische Aspekte der Brillengeschichte behandelt: Richard Corson, Fashions in Eyeglasses, London 1980 (1967[1]), S. 31-38.

52 Ebenda, S. 32-33; Abb. S. 38, Taf. 2, E-G.

53 Ebenda, S. 33 führt den Kupferstich mit dem Porträt des Girolamo Capivaccio auf ein um 1850 entstandenes Gemälde von J. Rouyer zurück. Nach diesem Modell entstand vermutlich der bei Emil Heinz Schmitz, Die Sehhilfe im Wandel der Jahrhunderte, Stuttgart 1961, S. 78, abgebildete zweite Kupferstich von dem Franzosen H. David.

54 Archivo Español de Arte y Arqueología, Bd. IV., 1928, Taf. VI., Fig. 8 a.

55 Kat. der Ausst. El Toledo de El Greco, Hospital de Tavera/ Iglesia de San Pedro Martir. Toledo, April-Juni 1982, S. 186, Nr. 163; Abb. S. 186 und 187.

56 Benito Daza de Valdés, Uso de los anteoios para todo genero de vistas: ..., Sevilla 1623. – Eine kommentierte Neuauf-

lage publizierte Manuel Marquez, El libro del Lic. Benito Daza de Valdés . . ., Madrid 1974.

57 Schmitz, s. Anm. 53, S. 78-81.

58 Kat. der Ausst. Jusepe de Ribera. Lo Spagnoletto 1591-1652, hrsg. v. Craig Felton und William D. Jordan, Kimbell Art Museum. Fort Worth 1982, S. 183-185; Abb. 20.

59 Serrera und Valdivieso, s. Anm. 37, S. 112, Nr. 279.

60 Kat. der Ausst. Jusepe de Ribera, s. Anm. 58, S. 40; Abb. 3.

61 Archivo Español, s. Anm. 54.

62 Kat. der Ausst. Jusepe de Ribera, s. Anm. 58, S. 99, Nr. 2; Abb. S. 98.

63 Kat. der Ausst. Zurbarán, s. Anm. 28, S. 88-91; Abb. S. 89.

64 Ebenda, S. 109-111; Abb. S. 110.

65 Diego Angulo Iñiguez und Alfonso E. Pérez Sánchez, Historia de la pintura española. Escuela madrileña del segundo tercio del siglo XVIII, Madrid 1983, (Simon) Nr. 28; Abb. 16; (Matthäus) Nr. 43; Abb. 24.

66 Kat. der Ausst. El Toledo de El Greco, s. Anm. 55, S. 205, Nr. 186; Abb. S. 205.

67 Iñiguez und Pérez Sánchez, s. Anm. 65, Nr. 30; Abb. 45.

68 David M. Kowal, Ribalta y los Ribaltescos, Valencia 1985, S. 279-281; Abb. 65 und 66.

69 Kat. der Ausst. El Toledo de El Greco, s. Anm. 55, S. 144, Nr. 105; Abb. S. 26 und S. 144.

70 George Kubler und Martin Soria, Art and Architecture in Spain and Portugal 1500 to 1800, Harmondsworth 1959, S. 275-276; Taf. 145 (A) und 148 (A).

71 Diesen Aspekt verdanke ich einem Gespräch mit Hans Joachim Lope, Marburg. – Hans Joachim Lope, Die cartas marruecas von José Cadalso, Frankfurt a. M. 1973, S. 59.

72 José Cadalso y Vázquez, Defensa de la nación española contra la carta persiana LXXVIII de Montesquieu, hrsg. v. Guy Mercadier, Toulouse 1970, S. 16.

73 Diesen Literaturhinweis verdanke ich Herrn Dietrich Briesemeister, Berlin: Nikolaus Hieronymus Gundling, Otia, Frankfurt, Leipzig 1706, S. 24.

74 Juan Antonio Llorente, Historia crítica de la Inquisición en España. 4 Bde., Madrid 1980.

75 Über Brillen in der niederländischen Kunst vgl. Mann, s. Anm. 51. – Einen negativen Aspekt hat die Brille in Spanien, wenn sie von Juden getragen wird, wie z. B. im neutestamentlichen Kontext bei Antonio Arias Fernández (1620-1684), Zinsgroschen, 1636; abgebildet bei August L. Mayer, Geschichte der spanischen Malerei. 2 Bde., Leipzig 1913, Bd. 2, S. 150; Abb. S. 151, Nr. 71.

76 Erik Larsen, The Paintings of Anthony Van Dyck. 2 Bde., Freren 1988, Bd. 2, S. 136, Nr. 332; Abb. Bd. 1, S. 212, Nr. 157.

77 D. Stephen Pepper, Guido Reni, Oxford 1984, S. 263, Nr. 129; Abb. 157; Kat. der Ausst. Guido Reni und Europa. Ruhm und Nachruhm, Schirn Kunsthalle Frankfurt, 2. Dezember 1988-26. Februar 1989, S. 36-42; Abb. S. 40.

78 Kat. der Ausst. De El Greco à Picasso, Musée du Petit Palais. Paris, 10. Oktober 1987-3. Januar 1988, S. 176; Abb. S. 177.

79 Mercedes Valdivieso Rodrigo, Die Generation von 98 und die spanische Malerei, Köln 1988.

80 Kat. der Ausst. De El Greco à Picasso, s. Anm. 78, S. 414; Abb. S. 415.

81 Valdivieso Rodrigo, s. Anm. 79, Ramón del Valle-Inclán: Abb. 13 und Miguel de Unamuno: Abb. 4.

82 Zitiert nach ebenda, S. 48.

83 Über Velázquez und die Porträtmalerei in Rom: Enriqueta Harris, Velázquez, Stuttgart 1982 (englische Fassung 1982), S. 143-154; Jonathan Brown, Velázquez. Painter and Courtier, New Haven und London 1986, S. 197-204.

84 Kat. der Ausst. Francis Bacon, Staatsgalerie Stuttgart, 19. Oktober 1985-5. Januar 1986, Kat. Nr. 16.

85 Jonathan Brown und Dawson A. Carr, Portrait of a Cardinal: Niño de Guevara or Sandoval y Rojas?, in: Brown (Hrsg.), Figures of Thought, s. Anm. 23, S. 33-42.

86 Ebenda, S. 36, Abb. 4.

87 Dieses Dokument wurde von Richard L. Kagan gefunden und den Autoren des vorab genannten Aufsatzes bekannt gemacht. Für die spanische Fassung ihres Artikels: Jonathan Brown und Dawson A. Carr, El »Retrato de un cardenal«: ¿Simbólo o simulacro?, in: Jonathan Brown u. a., Visiones del pensamiento, Madrid 1984, S. 57-73 haben sie ihre Aussagen dann relativiert. Meiner Ansicht nach ist mit der Entdeckung jedoch die ganze Fragestellung überholt, denn als einziges Argument bleibt nur die Tatsache, daß das Dokument von 1632 El Greco nicht ausdrücklich nennt, obwohl er das Bild signiert hatte. Eine von vielen möglichen Erklärungen könnte in dem Umstand liegen, daß die Signatur in Griechisch ausgeführt wurde. – Wie fragwürdig solche Zuschreibungen aufgrund physiognomischer Kriterien sind, läßt sich unter anderem damit beweisen, daß der gleiche Kardinal Sandoval y Rojas noch mit einem anderen El Greco-Porträt in Verbindung gebracht wurde, welches wiederum keinerlei Ähnlichkeiten mit dem »Großinquisitor« zeigt: Alexandros G. Xydis, A Portrait of a Cardinal by El Greco, in: Festschrift für Daryl Lindsay, hrsg. v. Philipp June Stewart, Oxford U. P. Melbourne 1966, S. 62-66; Abb. S. 201-203.

88 Cossío, s. Anm. 1, S. 424.

89 Vgl. zu den Biographien von Niño de Guevara und Sandoval y Rojas: Brown, s. Anm. 85.

90 Copia de los pareceres y censuras de los reverendísimos padres, maestros y señores catedráticos de las insignes Universidades de Salamanca y Alcalá, . . ., Madrid 1632; Don Jacinto Octavio Picón, Observaciones acerca del desnudo y su excasez en el arte español, Madrid 1902.

Den vorliegenden Text, der zunächst für das Kunstgeschichtliche Institut der Philipps-Universität Marburg entstanden war, konnte ich mehrfach als Vortrag mit einem sachkundigen Publikum diskutieren. Ich möchte allen danken, die ihn so durch ihre Hinweise bereichert haben. Insbesondere aber fühle ich mich meiner Frau, Sylvaine Hänsel, verpflichtet, die jede neue Fassung mit der gleichen Aufmerksamkeit und konstruktiven Kritik gelesen hat.

Lebensdaten zu El Greco

1541 Domenikos Theotokopoulos, der sich später El Greco nennt, wird in Kandia (Chania) auf Kreta geboren. Die Stadt befindet sich zu diesem Zeitpunkt in venezianischem Besitz.

1561 Philipp II. macht Madrid zur Hauptstadt seines Reiches.

1563-1584 Bau des Escorial.

1566 6. Juni: Erwähnung in den Akten eines Notars in Kandia.

1566 26. Dezember: Erlaubnis zum Verkauf eines Bildes (wahrscheinlich einer Ikone). Das Bild wird geschätzt von Georgios Klotzas, einem bekannten kretischen Ikonenmaler und Miniaturisten.

1567 El Greco malt im Stil der kretischen Ikonenmalerei einen »Marientod« und signiert das Bild.

1568 18. August: Ein Dokument weist ihn in Venedig nach.

1570 November: El Greco reist nach Rom und erhält hier durch den kroatischen Miniaturmaler Giulio Clovio Zugang zu dem Kreis um den Gelehrten Fulvio Orsini. Clovio nennt ihn einen Schüler Tizians.

1572 In Caprarola Beteiligung an der Ausmalung des Herkulessaales der Villa Farnese. Aufnahme in die Accademia di San Luca als Miniaturmaler. Nach einem Bericht von Giulio Mancini (1614) bietet er Papst Pius V. an, das »Jüngste Gericht« Michelangelos frei von Anstößigkeiten neu zu malen. Arbeiten für private Auftraggeber.

1577 2. Juli: Honorarvorschuß für die »Entkleidung Christi« in Toledo. Als Vermittler fungiert wahrscheinlich der Freund Luis de Castilla.

1577 8. August: Kontrakt mit dessen Vater, Diego de Castilla, über mehrere Altarbilder für Santo Domingo el Antiguo in Toledo. El Greco muß sich verpflichten, während der Ausführung des Auftrages in der Stadt zu wohnen. Bald nach seiner Ankunft Bekanntschaft mit der Lebensgefährtin Jerónima de las Cuevas.

1578 Geburt des Sohnes Jorge Manuel.

1580-82 Das als Probe für weitere Aufträge gedachte Bild »Martyrium des Hl. Mauritius« findet nicht den Gefallen Philipps II.; damit zerschlägt sich die Hoffnung auf eine Stellung als Hofmaler.

1585 10. September: Mietvertrag über drei Wohnungen im Palast des Marquis von Villena. Wahrscheinlich richtet El Greco schon hier eine große Werkstatt ein, in der er auch Skulpturen und vergoldete Rahmen herstellen läßt.

1586-88 entsteht El Grecos berühmtestes Bild, das »Begräbnis des Conde de Orgaz«, in dem wahrscheinlich zahlreiche zeitgenössische Toledaner Persönlichkeiten porträtiert sind.

1589 Erwerb des Bürgerrechtes in Toledo.

Bis 1608 El Greco und seine Werkstatt, in der Jorge Manuel seit 1600 als Juniorpartner mitwirkt, erhalten zahlreiche Bestellungen aus Toledo, Madrid und den umliegenden Ortschaften.

1603-1607 Der Streit um die Bezahlung seiner Arbeiten für das Hospital de la Caridad in Illescas stürzt El Greco in eine finanzielle Krise; zwischen 1608 und 1611 kann er seine Miete nicht mehr bezahlen.

1611 Der Maler Francisco Pacheco aus Sevilla besucht El Greco und bezeichnet ihn später in seinem Kunsttraktat als gelehrten Künstler.

1614 Tod El Grecos. In seinem Besitz befinden sich eine Bibliothek von etwa 130 Büchern sowie zahlreiche Gemälde, Zeichnungen und Graphiken. Luis de Castilla ist Testamentsvollstrecker. Der berühmte Dichter des Madrider Hofes, Luis de Góngora y Argote, verfaßt ein Epitaph auf El Greco und seine Kunst.

Ausgewählte Werke El Grecos in europäischen Sammlungen (ohne Spanien)

Budapest, Museum der Bildenden Künste
Verkündigung, um 1600
Maria Magdalena, o. Dat.

Dresden, Staatliche Kunstsammlungen, Gemäldegalerie
Die Heilung des Blinden, um 1567-70

Edinburgh, National Gallery
Der büßende Hl. Hieronymus, um 1595-1600

Ermoupolis (Syros/Griechenland), Kirche des Marientodes
Marientod, um 1567

Leningrad, Ermitage
Die Heiligen Petrus und Paulus, 1587-92

London, National Gallery
Allegorie der Hl. Allianz, 1577-79
Reinigung des Tempels, um 1600-1605

Lugano, Sammlung Thyssen-Bornemisza
Verkündigung, um 1575-76

Modena, Galleria Estense
Triptychon, um 1567-68

München, Alte Pinakothek
Entkleidung Christi, um 1580-85

Neapel, Museo e Gallerie Nazionali di Capodimonte
Giulio Clovio, um 1570

Paris, Louvre
Christus am Kreuz mit zwei Stiftern, um 1585
Der Hl. Ludwig von Frankreich, um 1585-90

Stockholm, Nationalmuseum
Die Heiligen Petrus und Paulus, um 1605-1608

In spanischen Sammlungen

El Escorial (bei Madrid)
Allegorie der Hl. Allianz, um 1579
Das Martyrium des Hl. Mauritius, 1580-82

Illescas (zwischen Madrid und Toledo)
Bilderzyklus für die Kirche des Hospital de la Caridad, 1603-1605

Madrid, Prado
Caballero mit der Hand auf der Brust, 1577-79
Trinität, 1577-79

Toledo, Santo Tomé
Das Begräbnis des Conde de Orgaz, 1586-88

Toledo, Kathedrale, Sakristei
Die Entkleidung Christi, 1577-79

Toledo, El Greco-Museum
Ansicht und Plan von Toledo, um 1610-14

Ausgewählte Literatur

Carl Justi, Diego Velázquez, 2 Bde., Bonn 1888

Manuel Bartolomé Cossío, El Greco, 2 Bde., Madrid 1908

Julius Meier-Graefe, Spanische Reise, Berlin 1910

August L. Mayer, El Greco, Berlin 1931

Halldor Soehner, Der Stand der El Greco-Forschung, in: Zeitschrift für Kunstgeschichte, Bd. 19 (1956), S. 47-75

Harold E. Wethey, El Greco and his School, 2 Bde., Princeton 1962

Fernando Marías und Agustín Bustamente García, Las ideas artísticas de El Greco, Madrid 1981

Kat. der Ausst. El Toledo de El Greco, Hospital de Tavera/ Iglesia de San Pedro Martir, Toledo, April bis Juni 1982

Kat. der Ausst. El Greco of Toledo, National Gallery of Art, Washington D. C., 2. Juli-6. September 1982 (deutsche Übersetzung: El Greco und Toledo, Berlin 1983)

Jonathan Brown (Hrsg.), Figures of Thought: El Greco as Interpreter of History, Tradition and Ideas, Washington 1982, in: Studies in the History of Art, Bd. 11

Jonathan Brown und José Manuel Pita Andrade (Hrsg.), El Greco, Italy and Spain, Washington 1984, in: Studies in the History of Art, Bd. 13

José Alvarez Lopera, De Cean a Cossío: La fortuna crítica del Greco en el siglo XIX., Bd. 2, Madrid 1987

Kat. der Ausst. El Greco of Crete, Chamber of Commerce/ Basilica of St. Mark, Iraklion, Kreta, 1. September-10. Oktober 1990

Michael Scholz-Hänsel, Justi und Greco, in: Kunstchronik, Bd. 43, 1990, H. 9, S. 489-494

Abbildungsnachweis

Copyright © 1929 by The Metropolitan Museum of Art, New York Falttafel, Umschlag, 1, 9, 39
Byzantine Museum, Athen 2
National Gallery of Art, Washington, D.C. 3
The Minneapolis Institute of Arts 4
Bayer. Staatsgemäldesammlungen, Alte Pinakothek, München 5
The National Gallery, London 6, 13
Institut Amatller, Barcelona 8, 17, 21, 25, 34, 36
Museo Lázaro Galdiano, Madrid 10
National Gallery of Canada, Ottawa 11
Bildarchiv Foto Marburg 14, 16
Herzog August Bibliothek, Wolfenbüttel 15
El Escorial, Patrimonio Nacional, Madrid (FOTOGRAFIA CEDIDA Y AUTORIZADA POR EL PATRIMONIO NACIONAL) 19, 20
Algyr H. Meadows Collection, Meadows Museum, Southern Methodist University, Dallas, Texas 26
Louvre, Paris, © Photo R.M.N. 27
Real Academia de Bellas Artes de San Fernando, Madrid 29
Rijksmuseum, Amsterdam 30
Kimbell Art Museum, Fort Worth, Texas 31
Istituto Centrale per il Catalogo e la Documentazione, Rom 33, 37
Museo de Bellas Artes, Bilbao 35
Des Moines Art Center, Nathan Emory Coffin Collection, Des Moines, Iowa 38

Alle anderen Abbildungsvorlagen wurden vom Autor zur Verfügung gestellt.

kunststück

herausgegeben von Klaus Herding

Michael Scholz-Hänsel
El Greco
Der Großinquisitor
Band 10128

Michael Schwarz
Felix Droese
Ich habe Anne Frank umgebracht
Band 3955

Jörg Traeger
Philipp Otto Runge
Die Hülsenbeckschen Kinder
Band 3942

Franz-Joachim Verspohl
Joseph Beuys
Das Kapital Raum 1970–1977
Band 3906

Adolf Max Vogt
Karl Friedrich Schinkel
Blick in Griechenlands Blüte
Band 3924

Anne M. Wagner
Jean-Baptiste Carpeaux
Der Tanz
Band 3961

Martin Warnke
Cranachs Luther
Band 3904

Beat Wyss
Pieter Bruegel
Landschaft mit Ikarussturz
Band 3962

Paul Zanker
Die Trunkene Alte
Band 3960

Roberto Zapperi
Tizian
Paul III. und seine Enkel
Band 10324

Franz Zelger
Arnold Böcklin
Die Toteninsel
Band 10514

Jörg Zimmermann
Francis Bacon
Kreuzigung
Band 3932

Fischer Taschenbuch Verlag

fi 501 / 1d

kunststück

herausgegeben von Klaus Herding

Juerg Albrecht,
Rolf Zbinden
Honoré Daumier
Rue Transnonain,
le 15 Avril 1834
Band 3950

Bernard Andreae
Die Laokoon-Gruppe
und die Kunst
von Pergamon
Band 10743

Hermann Ulrich
Asemissen
Jan Vermeer
Die Malkunst
Band 3951

Oskar Bätschmann
Nicolas Poussin
Landschaft mit
Pyramus und
Thisbe
Band 3947

Eduard Beaucamp
Werner Tübke
Arbeiterklasse
und Intelligenz
Band 3922

Herbert Beck,
Maraike Bückling
Hans Multscher
Das Frankfurter
Trinitätsrelief
Band 3952

Hans Belting
Giovanni Bellini
Pietà
Band 3927

John Berger
Velázquez
Äsop
Band 3956

Christian Beutler
Meister Bertram
Der Hochaltar
von Sankt Petri
Band 3912
Der älteste
Kruzifixus
Band 10626

Andreas Beyer
Andrea Palladio
Teatro Olimpico
Band 3937

Hartmut Böhme
Albrecht Dürer
Melencolia I
Band 3958

Albert Boime
Vincent van Gogh
Die Sternennacht
Band 3953

Horst Bredekamp
Sandro Botticelli
La Primavera
Band 3944

Fischer Taschenbuch Verlag

fi 501 / 6 a